Heike Abidi

# Arthurs wildes Hundeleben

# Inhalt

# 1.
# Überraschung

**Arthur:**

Samstag ist mein Lieblingstag. Am Samstag habe ich eigentlich immer gute Laune. Aber heute bin ich so richtig mies drauf. Dabei komme ich gerade vom Tischtennistraining, und Tischtennis ist voll cool. Aber meine Laune ist so schlecht, dass ich mit dem Fahrrad durch jede Pfütze fahre, dass das Wasser nur so spritzt. Je weiter es spritzt, desto besser!

»Mensch, pass doch auf, Junge!«, schimpft eine Dame. Selber schuld, warum trägt sie bei so einem Mistwetter auch einen hellen Mantel? Jetzt ist es ein heller Mantel mit Pfützenwasserspritzern.

»Sorry«, rufe ich und radele schnell weiter.

An meiner schlechten Laune ist Kira schuld. Genauer gesagt ihre Großeltern. Die haben Kira zum zehnten Geburtstag nämlich ein Pony geschenkt. Ein echtes Pony! Vorhin beim Tischtennistraining hat sie stolz die Fotos

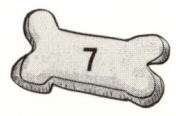

7

von ihrer blöden Schneeflocke gezeigt. *Schneeflocke –*
was ist das überhaupt für ein dämlicher Name? Jedenfalls haben dann alle angefangen, von ihren Haustieren
zu erzählen. Noah hat zwei Katzen, Lilly gleich mehrere
Kaninchen und Emil lebt sogar auf einem Bauernhof, wo
es alle möglichen Tiere gibt.

»Und du, Arthur?«, hat Kira gefragt. »Was hast du für
ein Haustier?«

Am liebsten hätte ich sie angeschrien, dass sie das
überhaupt nichts angeht. Und am zweitliebsten hätte ich
ihr die Zunge rausgestreckt. Aber das wäre wohl beides
ziemlich kindisch gewesen, und wer sich kindisch benimmt, ist nicht reif genug für ein Haustier – jedenfalls
behauptet Mama das.

Also habe ich ein cooles Gesicht gemacht und gesagt:
»Einen Hund. Ich wünsch mir einen Hund.« Dann habe
ich auf die Uhr geschaut und so getan, als wäre ich furchtbar spät dran. »Mist, ich muss los. Bis nächste Woche,
Leute.« Und weg war ich.

Ziemlich schlau von mir, denn so habe ich mir Kiras
besserwisserischen Kommentar erspart, der mit Sicherheit gekommen wäre: *Sich einen Hund wünschen, ist was
ganz anderes, als einen zu haben!* Als ob ich das nicht selber wüsste.

Ist ja nicht so, als hätte ich nicht genug gebettelt. Das habe ich nämlich wirklich! Meine Eltern wissen genau, dass mein größter Wunsch vier Pfoten hat und bellt ... Aber so leicht sie sonst auch nachgeben, bei diesem Thema bleiben sie leider stur.

»So ein Hund ist wie ein Familienmitglied. Damit geht man eine Verpflichtung fürs ganze Leben ein«, hat Mama gesagt.

»Und wer soll sich um das Tier kümmern, mit ihm Gassi gehen, es füttern, kämmen, erziehen?«, meinte Papa.

*Na, wer wohl – ich natürlich! Ich kann das!*

Aber Mama und Papa glauben das nicht. Wie ungerecht! Schließlich bin ich schon zehneinhalb und alle anderen haben auch ein Haustier – wie man an der Tischtennismannschaft sehen kann.

Mit viel Schwung biege ich in unsere Straße ein. Vielleicht ein bisschen zu viel Schwung, denn um ein Haar hätte ich mich voll hingelegt. Gerade noch mal gut gegangen.

Normalerweise verschwindet meine schlechte Laune, wenn ich so richtig schnell Rad fahre oder renne. Dann verpufft die Wut wie von selbst. Aber diesmal nicht. Wieso dürfen alle ein Haustier haben, nur ich nicht?

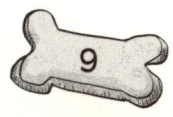

Das muss sich ändern. Dringend.

Hunde sind die besten Kumpel. Man kann super mit ihnen spielen. Und ihnen Tricks beibringen! Sie sind treu und man kann mit ihnen knuddeln. Sie trösten einen, wenn es einem schlecht geht, und machen einfach gute Laune.

Wenn Mama und Papa so stur sein wollen, dann bin ich eben noch sturer. Gleich nachher werde ich noch mal mit ihnen reden. In Gedanken übe ich schon mal ein paar gute Argumente: *Wenn ich einen Hund bekomme, wünsche ich mir nie wieder etwas im Leben. Nicht zum Geburtstag und auch nicht zu Weihnachten oder zu Ostern. Es gibt nichts, was ich mir mehr wünsche!*

Wenn ich sie heute nicht rumkriege, trete ich einfach in Hungerstreik. Wobei – keine Spaghetti bolognese mehr? Keine Schokokekse oder Pizza? Nein, ich hab eine viel bessere Idee: Stattdessen bleibe ich lieber im Bett liegen und stehe erst wieder auf, wenn ich einen Hund bekomme.

Ich springe vom Sattel und schiebe mein Rad durch das Gartentürchen bis in den Carport. Dann marschiere ich quer über die Wiese zur Haustür. Hier könnte ich toll mit meinem Hund herumtoben! Platz genug haben wir dafür auf jeden Fall. Mama und Papa können sich warm anziehen, ich habe so viele Argumente gesammelt, dass ihnen bestimmt keine Ausrede mehr einfällt.

Wild entschlossen schließe ich die Haustür auf – und schwupps, verbessert sich meine Laune schlagartig. Denn es duftet nach frisch gebackenem Kuchen!

»Ich rieche Brownies!«, rufe ich begeistert und stürme in die Küche. »Darf ich gleich einen probieren? Ich bin am Verhungern.«

Papa, der noch die Bäckerschürze umgebunden hat, grinst mir entgegen, während Mama den Tisch deckt. Für fünf Personen. Warum denn das? Wir sind doch bloß drei.

»Du wirst dich noch ein klein wenig gedulden müssen«, sagt sie geheimnisvoll, »aber glaub mir, das Warten lohnt sich.«

»Wer besucht uns denn?«, will ich wissen.

»Das ist eine Überraschung«, sagen Mama und Papa im Chor, und dann kichern sie los.

Mal ehrlich – wie soll ich denn mit so albernen Erwachsenen ein ernstes Wörtchen reden?

**Lucky:**
Es geht doch nichts über einen gemütlichen Samstag. Schön ausschlafen, eine kleine Runde durch den Park drehen, dann einen ordentlichen Napf voll Futter und

gleich wieder ab ins Körbchen, um in aller Ruhe zu verdauen …

Während meine Zweibeiner ihre albernen Aktivitäten veranstalten, die sie *Staubsaugen* und *Wäschewaschen* nennen, rolle ich mich gemütlich zusammen und tue so, als wäre ich der bravste Hund der Welt.

Als ich noch jünger war, hat mich dieses Zweibeiner-Gewusel furchtbar nervös gemacht, und ich bin wie ein Verrückter um sie und ihre seltsam brummenden Geräte herumgehüpft. Doch inzwischen bin ich stolze vier Jahre alt, also erwachsen und in den besten Jahren, außerdem erfahren und längst nicht mehr so schreckhaft wie früher. Mit der Zeit habe ich gelernt, dass es die beste Strategie ist, einfach gar nichts zu tun und abzuwarten, bis der Radau vorbei ist. Die Zweibeiner sind dann umso schneller fertig und freuen sich darüber so, dass ich mit einem riesigen Knochen belohnt werde. »Brav, Lucky«, sagen sie dann anerkennend, und ich antworte mit einem dankbaren »Wuff!«.

Heute ist das mit dem Staubsaugen kürzer ausgefallen als sonst. Meine Zweibeiner scheinen es eilig zu haben, und das ist erfahrungsgemäß kein gutes Zeichen.

Verstohlen blinzele ich, um zu beobachten, was sie treiben. Das Erste, was ich sehe, sind Koffer.

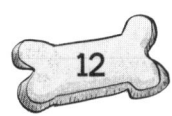

12

Auweia.

Sie wollen also verreisen? Hoffentlich nehmen sie mich mit! Einmal musste ich in so eine entsetzliche Hundepension, wo es total überfüllt war. Und was für Köter dort untergebracht waren! Das war wirklich nicht mein Niveau, ehrlich. Wie soll man sich denn da entspannen? Ich bin Luxus gewohnt. Und dass man

sich nur um mich kümmert! Dazu Fresschen vom Feinsten und ein flauschiges Hundebettchen. Ganz ehrlich – wenn sie mich wieder zu dieser Hundepension bringen, werde ich meine Zähne zeigen! Gehorsam bin ich nämlich nur, solange alle nach meiner Pfeife tanzen …

Aber was ist das? Da steht ja der Korb mit meinen Sachen. Reisekissen, Napf, Leine, Leckerli, alles da. Sehr gut. Ich darf also mit!

Dass das mit der Hundepension eine miserable Idee war, haben meine Zweibeiner sicher selbst eingesehen. Allein schon wie ich danach aussah! Ich bin dort tatsächlich kein einziges Mal gekämmt worden. Nicht ein Mal!

»Ich pack dann mal das Auto«, verkündet mein Herrchen.

»Okay, dann dreh ich mit Lucky noch eine kleine Runde im Park«, erwidert die Zweibeinerin.

Echt, schon wieder? Ich war doch vorhin erst …

Aber okay. Gleich darf ich ja im Kofferraum ausruhen. Autofahren ist so herrlich langweilig, dabei kann man eigentlich nur dösen!

Ich will kein Spielverderber sein, also lasse ich mich brav anleinen und trabe neben meinem Frauchen her

in Richtung Park. Weil ich weiß, dass sie es hasst, wenn ich mein Geschäft auf dem Bürgersteig erledige, warte ich, bis wir dort sind. Dann verziehe ich mich ins Gestrüpp und mache das, was die Zweibeinerin *ein Ei legen* nennt. Als wäre ich ein Huhn! Manchmal ist sie wirklich schrullig.

Dann gehen wir weiter, vorbei an einem eingezäunten Platz, an dem Zweibeinerwelpen auf seltsamen Brettern und Stangen herumklettern.

»Wieder ganz schön viel los auf dem Kinderspielplatz«, sagt Frauchen, nur um ein bisschen Konversation mit mir zu machen.

»Wuff«, erwidere ich, weil ich ein höflicher Hund bin. Sie muss ja nicht wissen, dass ich eingezäunte Spielplätze ziemlich lächerlich finde. Spielen und toben kann man schließlich überall. Andererseits bin ich froh, dass diese Zweibeinerwelpen in ihrem Käfig bleiben und der weit genug vom Weg entfernt ist. Sie sind mir einfach zu laut und zu wild. Mindestens so nervig wie Hundeflöhe. Ich bin wirklich froh und dankbar, dass meine Zweibeiner keine Welpen haben!

Als wir zurückkommen, wirft das Herrchen gerade schwungvoll die Hintertür des Autos zu. »Alles drin«, verkündet er stolz. »Wir können los.«

Er öffnet die Kofferraumklappe und ich springe hinein. Hier ist mein Reich! Träge lasse ich mich auf der weichen Decke nieder und schließe die Augen, während die Zweibeiner vorne einsteigen. Dann wird der Motor angelassen und vibriert so schön beruhigend …

Aber wir sind noch keine zehn Minuten unterwegs, da ist der Spaß auch schon wieder vorbei. Was ist denn das für eine seltsame Reise?

Mir schwant Schreckliches. Doch die Hundepension? Bitte nicht! Es muss eine andere Erklärung geben. Vielleicht halten wir an einer Tankstelle?

Nein, das kann auch nicht sein. Warum würden sie dann den Kofferraum öffnen und mich auffordern, herauszuhüpfen?

Misstrauisch schnuppere ich. Nein, hier riecht es nicht nach Hundepension. Nicht mal nach Tierarzt. Sondern nach Blumen, feuchter Erde und frischem Gras. Lecker!

Ich mache einen Satz nach draußen und folge meinen Zweibeinern durch ein hölzernes Gartentürchen.

Und da nehme ich sie wahr – die schlimmste aller Duftmarken: Hier wohnt ein Zweibeinerwelpe!

Das darf doch nicht wahr sein. Ich möchte am liebsten auf meiner Hinterpfote kehrtmachen und ganz

weit wegrennen. Wenn's sein muss sogar zur Tier-
pension.

»Komm schon, Lucky, das wird ein tolles Aben-
teuer!«, lockt mein Herrchen.

Er meint wohl: Das wird die Hölle …

# 2.

# Knuddelalarm!

**Arthur:**

Ich bin gespannt wie ein Flitzebogen! Warum verraten Mama und Papa nicht, was los ist?

Es klingelt, und Papa geht zur Tür, um die Gäste hereinzulassen. Wird das etwa eine Überraschungsparty für mich? Allerdings wüsste ich nicht, zu welchem Anlass – mein Geburtstag ist erst in einem Monat.

»Hallo – du musst Arthur sein? Ich bin Manfred. Freut mich, dich kennenzulernen.«

Ähm – das soll jetzt also die große Überraschung sein? Ein alter Mann? Okay, er lächelt mich freundlich an, aber ich kann mir kaum vorstellen, dass er zum Spielen vorbeigekommen ist.

»Manfred ist mein Arbeitskollege«, erklärt Papa.

»Dein *ehemaliger* Arbeitskollege«, korrigiert Manfred und fährt sich durch seine weißen Locken. »Jetzt bin ich glücklicher Rentner und vermisse die Arbeit kein biss-

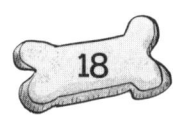

chen.« Er lacht dröhnend. Hätte er einen Bart, könnte man ihn glatt für den Weihnachtsmann halten. Vermutlich ist er aber eher Elektrotechniker, genau wie Papa, wenn er sein Kollege war.

»Und das ist meine Frau Evelyn«, stellt er die ebenso weißhaarige Dame vor, die mir freundlich die Hand schüttelt, als würde sie mich besuchen, nicht Mama und Papa.

Ich bin ein bisschen verwirrt und weiß gar nicht, was ich sagen soll.

Und dann sehe ich ihn!

»Oh, Sie haben ja einen Hund!«, rufe ich begeistert, als ich entdecke, wer sich da hinter Evelyns Beinen versteckt.

»Darf ich vorstellen – Lucky, unser Vierbeiner. Leider ein bisschen schüchtern, aber ich bin sicher, er wird bald auftauen«, erklärt Manfred.

»Lasst uns doch erst einmal in Ruhe Kaffee trinken und Kuchen essen«, schlägt Mama vor, »dann kann er sich an die neue Umgebung gewöhnen.«

Vor lauter Aufregung kann ich mich kaum auf meinen Brownie konzentrieren, obwohl der superlecker schmeckt. Während sich die Erwachsenen über irgendein langweiliges Zeug unterhalten, beobachte ich Lucky, der sich neben Evelyns Stuhl zusammengerollt hat und mich träge anblinzelt.

Oh Mann, ist der vielleicht süß! Sein lockiges Fell ist schwarz-weiß gefleckt. Er hat superbewegliche Ohren, die er nicht nur abknicken und aufrichten, sondern auch in alle Richtungen verdrehen kann, und außerdem richtig kluge Augen.

Ob ich wohl mit ihm spielen darf? Ist das vielleicht die Überraschung? Wenn nicht, wäre das nämlich ziemlich doof. Schließlich wissen Mama und Papa ja, wie sehr ich mir einen Hund wünsche – aber einen fremden Hund nur sehnsüchtig anzustarren, ist nicht gerade das, wovon ich geträumt habe.

»Du fragst dich sicher, warum wir da sind, Arthur.«

Oh, Manfred scheint Gedanken lesen zu können. Ich nicke, und mein Herzschlag beschleunigt sich.

»Nun, Evelyn und ich fliegen für eine Woche auf die Kanarischen Inseln. Und da können wir Lucky leider nicht mitnehmen – es sei denn, wir würden ihn in eine Box stecken, die dann zu den Koffern in den Frachtraum des Flugzeugs käme. Das wollen wir ihm nicht antun.«

Lucky ist doch kein Koffer! Nein, so was geht gar nicht. Aber was hat das mit mir zu tun?

»Na ja, von deinem Papa weiß ich ja, wie sehr du Hunde magst. Und da dachten wir, du hättest vielleicht Lust, auf Lucky aufzupassen, während wir weg sind.«

Ernsthaft? Ich soll Lucky hüten? Eine ganze Woche lang? Ich hätte mich ja schon riesig gefreut, eine halbe Stunde lang im Garten mit ihm zu spielen. Aber das ist ja noch viel besser! Ich kann mein Glück kaum fassen und kriege vor lauter Begeisterung kein Wort raus.

»Na, wie sieht's aus. Wärst du dazu bereit? Das ist natürlich eine Riesenverantwortung, aber deine Eltern glauben, dass du das schaffst.«

»Aber natürlich schaffe ich das!« Endlich habe ich meine Sprache wiedergefunden. »Ich werde alles für Lucky tun, mit ihm Gassi gehen, ihn füttern, mit ihm spielen ...«

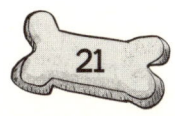

»Wuff«, macht Lucky und richtet seine Ohren auf. Bestimmt hat er verstanden, dass es gerade um ihn geht. »Großartig«, sagt Evelyn. »Dann hol ich mal seine Sachen rein.«

Luckys Sachen sind: ein Körbchen mit Kuschelkissen, ein paar Hundespielsachen, Leckerli, eine Leine, ein Fressnapf, Futter und ein Hundekamm. Ich bin ganz aufgeregt, als Evelyn und Manfred mir alles erklären, und schreibe mir die wichtigsten Informationen auf.

»Also – gleich nach dem Essen darf er nicht Gassi gehen und nicht toben, damit er keine Magendrehung bekommt«, wiederhole ich. »Mindestens alle zwei Tage muss er gekämmt werden. Futter bekommt er nach dem Morgenspaziergang und abends vor dem Schlafengehen. Und mittags muss er auch noch mal raus, richtig?«

»Perfekt«, lobt mich Manfred. »Du schaffst das sicher spielend.«

Oh ja, das werde ich!

Bevor sie aufbrechen, erinnern die beiden mich noch einmal daran, dass Lucky immer an der Leine gehen soll – nur im Garten und natürlich im Haus darf er frei herumlaufen.

»Wir wollen doch nicht, dass er überfahren wird!«, sagt Evelyn.

Ich zucke zusammen. Daran, dass so etwas Schreckliches passieren könnte, habe ich noch gar nicht gedacht.

»Ich passe gut auf ihn auf, Lucky ist bei mir sicher!«, verspreche ich.

Wir bringen Luckys Körbchen in mein Zimmer. »Am besten, du spielst jetzt ein bisschen mit ihm, damit wir uns heimlich wegschleichen können«, schlägt Manfred vor.

Und so machen wir es. Ich schnappe mir Luckys Spielzeugente und lasse sie laut quietschen.

»Wuff, wuff!«, macht Lucky.

Ich strahle. Er freut sich. Bestimmt mag er mich!

**Lucky:**
Meine Zweibeiner müssen verrückt geworden sein! Die wollen mich doch nicht ernsthaft einem Welpen überlassen? Arthur heißt er und liebt angeblich Hunde. Ich habe allerdings den Verdacht, dass der überhaupt keine Ahnung von uns hat! Wie in aller Welt kommt er sonst auf die Idee, ich könnte mich freuen? Wedel ich etwa mit dem Schwanz? Oder habe die Vorderpfoten auf dem Boden abgelegt, um ihn zum Spielen aufzufordern? Nein! Im Gegenteil – meine Ohren lie-

gen eng am Kopf und meinen Rücken habe ich ganz rund gemacht. Weil ich nämlich Angst habe!

Ja, ich gebe es zu – ich habe Angst vor diesem Zweibeinerwelpen. Und mit Recht, wie sich sofort herausstellt ...

Jetzt zerquetscht er mich fast und nennt das *Knuddeln*. Klingt eigentlich fast harmlos. Wie eine Mischung aus *Knochen* und *Buddeln*. Tatsächlich ist es aber die pure Hölle: Er hat mich in den Schwitzkasten genommen, als wollte er mit mir kämpfen, und ruft dabei ständig, ich sei süß.

*Süß*, also ehrlich! Ich bin beeindruckend. Clever, beinahe weise. Und natürlich wahnsinnig hundelebenserfahren. Aber doch nicht süß!

Arthur dagegen ist weder beeindruckend noch clever oder erfahren und schon gar nicht süß. Ich finde, er ist ein Hundealbtraum auf zwei Beinen!

Am besten, ich tue so, als wollte ich schlafen ...

»Los, Lucky, wir spielen!«, ruft Arthur unermüdlich.

Ich gähne. Weil ich weiß, dass Zweibeiner das tun, wenn sie müde sind. Und weil das in Hundesprache bedeutet: *Lass mich in Frieden! Peace!*

Tja, ich hätte es wissen müssen: Arthur versteht auch dieses Signal falsch.

»Du hast Hunger? Dein Futter bekommst du aber erst nach dem Abendspaziergang«, erklärt er mir überflüssigerweise. Als ob ich meinen Tagesablauf nicht selbst am besten kennen würde.

»Aber vielleicht hast du ja Lust auf einen Keks?«

Ooookay, das klingt schon vernünftiger. Vielleicht hab ich diesen Zweibeinerwelpen doch falsch eingeschätzt? Auf ein Leckerli hab ich natürlich immer Appetit!

Tatsächlich macht sich Arthur an dem Päckchen mit meinen absoluten Lieblingshundekeksen zu schaffen.

*Hallo, Welpe, wird das heute noch was?*

Kann doch nicht so schwer sein, die Verpackung zu öffnen. Aaaah, endlich hat er es hingekriegt. Perfekt.

Aber was treibt er denn jetzt? Er steckt doch tatsächlich seine Welpenschnauze in das Päckchen und schnüffelt daran!

»Hm, lecker, riecht gar nicht so übel!«, stellt er fest.

Natürlich nicht. Sagte ich nicht, dass das meine Lieblingskekse sind? Und ich verfüge über einen exzellenten Geschmack!

Statt mir endlich einen Keks zu geben, schnüffelt er weiter.

*Los, her damit. Das sind meine!*

»Ist ja gut, Lucky, du kriegst ja einen.«

Schnell schnappe ich mir das gute Stück, bevor Arthur es sich wieder anders überlegt.

»Am liebsten würde ich ja selbst mal einen Hundekeks probieren«, murmelt der Zweibeinerwelpe leise. Aber natürlich verstehe ich mit meinen superscharfen Ohren trotzdem jedes Wort.

*Denk nicht mal dran!*

»Keine Sorge, ich futtere dir schon nichts weg«, versucht er mich zu beruhigen. »Wie wäre es mit einem Tauschgeschäft? Ich gebe dir einen von meinen Keksen und du mir einen von deinen.«

Das klingt schon anders. Hm. Warum eigentlich nicht? Wenn es keine Schokokekse sind … Schokolade ist für Hunde nämlich total giftig. Wie ja jeder weiß. Wobei – dieser Arthur scheint wirklich ziemlich ahnungslos zu sein …

Ich beschließe, erst mal abzuwarten. Er flitzt davon, und bevor ich es mir in meinem Körbchen gemütlich machen kann, ist er schon wieder zurück.

»Das sind Haferkekse«, erklärt Arthur mir.

Vorsichtig schnuppere ich daran. Tatsächlich: keine Schokolade. Riecht köstlich. Mindestens so gut wie meine Lieblingssorte.

Arthur schnappt sich einen von meinen Keksen aus der Packung und schiebt ihn sich in den Mund. Gleichzeitig verschlinge ich seinen Keks mit einem Happs.

*Gar nicht mal so übel!*

»Echt nicht schlecht«, kommentiert auch Arthur anerkennend.

Da sind wir uns ausnahmsweise ja mal einig.

Aber dieser Moment geht ganz schnell vorbei. Denn gleich darauf beschließt Arthur wieder, mich zu quälen …

Okay, er ist kein Fiesling. Er quält mich nicht extra. In Wirklichkeit denkt er ja, mir würde es sogar gefallen, wenn er mich unentwegt streichelt, drückt und umarmt, sogar an den Ohren zieht und einfach nicht in Ruhe lässt!

Ich kann machen, was ich will, er versteht weder meine Körpersprache noch mein Gewinsel:

*Hör auf, mir gefällt das nicht! So geht man einfach nicht mit Hunden um, du dummer Zweibeinerwelpe!*

»Ja, ich weiß, das gefällt dir!«, jubelt er in ohrenbetäubender Lautstärke. Es ist zum In-den-Knochen-Beißen! Wie kann man bloß dermaßen auf der Leine stehen?

Vermutlich würde Arthur von selbst niemals aufhören, doch dann klingelt es an der Tür, und gleich danach ruft seine Zweibeinerin: »Arthur, Besuch für dich!«

# 3.

# Ein Zweibeiner
# mit Hundeverstand

**Arthur:**

Besuch für mich? Ich erschrecke: Hoffentlich sind das nicht Manfred und Evelyn, die es sich anders überlegt haben! Womöglich ist ihnen nicht wohl bei dem Gedanken, dass sich ein Zehnjähriger um ihren geliebten Lucky kümmert. Ich hätte ihnen nicht nur versprechen sollen, dass ich gut auf ihn aufpasse, sondern schwören!

Egal, dann hole ich das jetzt eben nach. So schnell gebe ich nicht auf! Entschlossen umarme ich Lucky, der sich ganz dicht an mich kuschelt und vor Freude quietscht.

Trotzdem bin ich ganz schön erleichtert, als die Tür aufgeht und statt Luckys weißhaarigen Besitzern ein Kopf mit den schwärzesten Locken der Welt hereinschaut.

»Hey, Karim, guck mal, das ist Lucky!«, begrüße ich

meinen allerbesten Freund. Wir kennen uns schon seit dem Kindergarten und sitzen seit unserem ersten Schultag nebeneinander.

»Der ist ja knuffig!«, staunt Karim.

In diesem Moment windet sich Lucky aus meiner Umarmung und steht ein bisschen unentschlossen mitten im Zimmer herum. Er scheint nicht zu wissen, ob er zurück auf meinen Schoß hüpfen oder lieber Karim begrüßen soll. Anscheinend ist er ein sehr höflicher Hund, denn er entscheidet sich für die Begrüßung.

Wobei – eigentlich ist es Karim, der auf ihn zukommt. Ganz langsam und vorsichtig. Wie in Zeitlupe geht er in die Knie und streckt seine Hand aus. Lucky schnuppert daran.

Ich brülle vor Lachen. »Hast du etwa Angst vor Lucky, oder warum bist du so übervorsichtig? Der tut dir schon nix. Guck mal, wie ich ihn nehme.«

Ich beuge mich über Lucky und hebe ihn hoch.

»Wuff«, macht Lucky zustimmend.

»Siehste, ihm gefällt das!«

Karim ist nicht überzeugt. »Bist du sicher, dass man so mit Hunden umgeht?«, fragt er. »Ich hab gehört, man soll ihnen Zeit geben, sich an einen zu gewöhnen, damit sie nicht erschrecken.«

»Aber Lucky kennt mich doch längst. Und dich jetzt

auch.« Ich bin ein bisschen genervt davon, dass Karim so zaghaft ist.

»Hast du etwa einen eigenen Hund, oder woher weißt du so gut Bescheid?«

Okay, das war gemein – Karim wünscht sich selbst ein Haustier und wäre sogar mit einem Hamster oder einem

Kanarienvogel zufrieden, aber er bekommt keins, weil seine Schwester ganz viele Allergien hat. Er ist ziemlich traurig deswegen, das hat er mir schon oft erzählt.

»Wie oft musst du denn mit Lucky spazieren gehen?«, wechselt Karim das Thema.

Das mag ich besonders an meinem besten Freund. Er fängt nie Streit an. Selbst wenn er recht hat und ich unrecht, tut Karim einfach so, als wäre nichts. Und er erwartet nicht mal, dass ich mich entschuldige. Sonst wären wir womöglich längst keine Freunde mehr, denn ehrlich gesagt bin ich ziemlich schlecht darin, mich zu entschuldigen.

»Drei Mal am Tag«, beantworte ich seine Frage. »Mindestens. Öfter ist auch okay. Wollen wir? Wenn du magst, darfst du auch mal die Leine halten.«

Karim nickt und grinst. Er weiß, dass das meine Art ist, den blöden Spruch von vorhin wiedergutzumachen.

Ich verrate Karim nicht, dass es mein allererster Hundespaziergang ist – nicht nur der erste mit Lucky, sondern überhaupt. Aber das kann ja wohl keine große Kunst sein! Ich lege Lucky die Leine an und marschiere los.

»Ich glaube, er will kurz stehen bleiben und ein bisschen schnüffeln«, sagt Karim.

»Mach dich locker«, gebe ich ungeduldig zurück. »Wir sind noch nicht mal fünfzig Meter weit gekommen, und

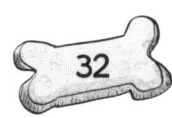

schon trödelt er rum. Er soll brav bei Fuß laufen, nicht anhalten.«

»Aber wann soll er denn sein Geschäft erledigen, wenn er nicht mal kurz stehen bleiben darf?«

Im ersten Moment weiß ich gar nicht, was er mit *Geschäft erledigen* meint, dann kapiere ich es. Weil ich nicht zugeben will, dass ich das Wichtigste am Gassigehen schlichtweg vergessen habe, überreiche ich Karim kurzerhand die Leine.

»Aber nicht ständig stehen bleiben, sonst ist es dunkel, bis wir zurückkommen.«

Natürlich ist es noch lange nicht dunkel, als ich das Gartentürchen wieder hinter uns zuziehe. Dabei hat Lucky unterwegs ausführlich gepieselt und sogar einen Haufen gemacht – zum Glück ins hohe Gebüsch und nicht mitten auf den Weg, wie ich befürchtet hatte.

Das letzte Stück des Weges habe ich die Leine wieder übernommen. Schließlich bin ich für Lucky zuständig!

Im Garten liegt ein alter Ball herum, den er natürlich sofort entdeckt. Mir fällt ein, dass Lucky hier auf dem Grundstück frei herumlaufen darf, und mache die Leine ab.

Während Karim und ich uns den Ball zukicken, springt Lucky wie ein Boomerang hinterher.

Doch leider muss Karim schon bald wieder los.
»Wir essen um halb sechs – wenn ich nicht rechtzeitig zu Hause bin, futtern meine Brüder mir alles weg. Und heute gibt's mein Lieblingsessen: Köfte«, erklärt er.

Okay, das ist natürlich ein guter Grund. Beim Lieblingsessen hört der Spaß auf.

**Lucky:**
Ist ja nicht zu glauben – es gibt sogar Zweibeinerwelpen mit Hundeverstand! Damit hätte ich nun wirklich nicht gerechnet. Aber wie viel Pech kann man haben? Von allen Zweibeinerwelpen der Welt muss ich ausgerechnet an den geraten, der sich am allerwenigsten auskennt – statt an seinen besten Freund, der es viel besser weiß.

*Natürlich* kann ich es nicht ausstehen, wenn man mich zu fest drückt, auch wenn es nett gemeint ist, da hat Karim völlig recht. Und Zweibeiner, die sich über mich beugen, machen mir einfach Angst! Selbst wenn es nur Welpen sind (oder wie sie selbst sagen: Kinder), sie sind trotzdem viel höher als ich, viel schwerer und total unberechenbar.

Dieser Karim dagegen ist extra in die Hocke gegangen, um mich nicht zu erschrecken, und hat mir er-

laubt, dass ich ihn erst einmal beschnuppere, bevor er mich streichelt. Das hat mir viel besser gefallen. Genauso muss das sein.

Tja, leider bin ich nicht bei Karim gelandet, sondern bei Arthur, und der versteht einfach alles falsch.

Er glaubt sogar, mein Gebell wäre ein Zeichen purer Begeisterung …

Zum Glück hat ihn Karim auf die Idee mit dem Spaziergang gebracht. Und im Garten mit dem Ball zu spielen, ist auch einigermaßen okay. Endlich mal ein Lichtblick!

Blöderweise verabschiedet sich Karim schon bald.

»Bis Montag!«, sagt Arthur.

»Ich hol dich ab, wie immer«, erwidert Karim. Dann runzelt er nachdenklich die Stirn. »Was machst du eigentlich mit Lucky, während wir in der Schule sind?«

Ich spitze aufmerksam die Ohren. Schule? Das Wort kenne ich. Wenn die Zweibeinerschule so ähnlich ist wie die Hundeschule, dann besteht immerhin Hoffnung, dass Arthur noch lernt, wie man sich benimmt. Und was noch viel wichtiger ist: Er wird für ein paar Stunden unterwegs sein. Sehr gut! Dann kann ich mich endlich von dieser zweibeinigen Nervensäge erholen …

»Ach, ein paar Stunden kann er schon allein bleiben,

das macht ihm gar nix aus«, bestätigt Arthur meinen Verdacht.

*Na also! Das nenn ich Glück im Unglück.*

Nachdem sein Freund gegangen ist, fürchte ich schon, dass wir wieder reingehen. Doch Arthur hat einen Geistesblitz.

»Wir können auch zu zweit mit dem Ball spielen, was, Lucky? Warte, ich bin gleich wieder da.«

Er verschwindet im Haus und lässt mich allein im Garten zurück. Ich ergreife die Gelegenheit und schaue mich gründlich um. Besser gesagt: Ich beschnuppere alles. Es riecht nach Blumen und Kräutern, nach Gummireifen und Metall, nach Holz und Eichhörnchen. Ich wähle drei strategisch wichtige Stellen, um meine Duftmarke zu setzen: gleich neben dem Gartentürchen, beim Treppenaufgang und hinter dem Autoun-

terstand. Damit alle anderen Vierbeiner wissen, dass das jetzt mein Territorium ist!

Bevor ich Zeit habe, das Grundstück noch genauer unter die Lupe zu nehmen, kommt Arthur zurück. Er hat mein Bällchen dabei mitsamt der Ballschleuder, die meine Zweibeinerin immer benutzt, wenn sie mich auspowern will, ohne sich selbst allzu sehr anzustrengen. Ja, ich hab sie durchschaut, aber böse bin ich ihr deswegen nicht – ich liebe nämlich das Bällchenspiel.

*Los, wirf mir den Ball, wirf ihn mir, Arthur!*

»Lauf, bring ihn zurück!«, brüllt er und schleudert das Bällchen quer durch den Garten.

*Das musst du mir doch nicht erklären – ich weiß, wie mein Lieblingsspiel funktioniert …*

Ich flitze hinterher, springe in die Luft und schnappe das Bällchen aus der Luft, noch bevor es auf dem

Boden aufkommt. Sofort kehre ich um und rase zurück zu Arthur, um ihm das Bällchen vor die Füße zu legen.

*Noch mal, noch mal, bitte wirf es noch mal!*

Doch nach der dritten Runde scheint Arthur unser Spiel schon langweilig geworden zu sein. »Ich hab eine bessere Idee«, ruft er, und obwohl das in meinen Ohren verdächtig klingt, bin ich viel zu sehr auf das Bällchen fixiert, um vorsichtig zu sein.

*Was hast du vor? Was spielen wir jetzt? Los, wirf!*

Arthur nimmt mit der Ballschleuder Schwung, doch statt den Ball zu werfen, dreht er sich mit der Schleuder um die eigene Achse. Und das nicht nur einmal, sondern mehrmals.

Ich hab so was schon mal gesehen. In der Flimmerkiste. Mein Zweibeiner liebt es, vom Sofa aus zuzusehen, wie andere Zweibeiner sich anstrengen. Das nennt er *Sport* – und dieser Sich-um-die-eigene-Achse-drehen-und-dann-was-wegschleudern-Sport heißt *Hammerwerfen*, wenn ich mich richtig erinnere.

Ich springe um Arthur herum und gleichzeitig um meine eigene Achse, genauso wie Arthur. Einmal, zweimal, fünfmal – und noch viel öfter, irgendwann höre ich auf zu zählen, weil mir ein bisschen schwindelig wird.

Okay – es ist mehr als nur ein bisschen …

»Puh, ich glaube, ich hab 'nen Drehwurm«, keucht Arthur und sinkt neben mir ins Gras.

*Ich auch, ich auch – und ich seh dich sogar doppelt!*

Ich lege mich neben ihn, denn sonst würde ich garantiert umkippen.

Wir liegen ziemlich lange einfach so da, Kopf an Kopf.

Irgendwann rappelt sich Arthur wieder auf. Er ist ganz weiß im Gesicht. Das ist wohl der Nachteil, wenn

man kein Fell hat – bei mir sieht man nicht so schnell, wenn mir schlecht ist.

»Du hängst auch da wie ein Schluck Wasser in der Kurve«, kommentiert Arthur meinen Anblick allerdings schonungslos.

Ich muss doch sehr bitten! Was ist denn das für ein unangemessener Vergleich? Aber ich gebe zu: Mir ging's schon mal besser …

# 4.
# Die Welt steht kopf!

**Arthur:**

Ich kann mich nicht erinnern, jemals im Leben dermaßen müde gewesen zu sein. Ich fühle mich, als hätte ich einen Langstreckenlauf hinter mir. Total erledigt! Aber das darf keiner merken. Wenn Mama und Papa denken, dass es mir schon nach ein bisschen Toben mit Lucky im Garten schlecht geht, sagen sie bestimmt, ein Hund ist zu viel für mich und ich kann mich nicht richtig kümmern.

Womöglich nehmen sie ihn mir dann sogar weg! Oh nein, das darf auf keinen Fall passieren.

»Es gibt gleich Abendessen!«, ruft mir Mama entgegen, als ich mich mit letzter Kraft ins Haus schleppe. Lucky scheint es ganz ähnlich zu gehen. Ob wir es mit dem Spielen übertrieben haben?

»Könntest du bitte den Tisch decken, Arthur?«

»Ähm – ja, aber eigentlich wollte ich erst mal Lucky

füttern. Und dann bei ihm im Zimmer bleiben, damit er sich nicht einsam fühlt.«

»Ja, aber hast du denn keinen Hunger?«, staunt Mama. Kein Wunder, denn dass ich freiwillig auf eine Mahlzeit verzichte, ist bisher noch nie vorgekommen.

»Ich bin noch total satt von dem vielen Kuchen«, behaupte ich. Und um diese absurde Behauptung zu unterstreichen, reibe ich mir den Bauch. Eigentlich ist das sogar eine glatte Lüge, denn vorhin habe ich ja vor lauter Aufregung fast nichts runtergebracht.

Mama wirkt verblüfft, aber sie kauft es mir ab. Hauptsache sie merkt nicht, dass ich mich so schwach fühle, als wäre ich seit Wochen auf den Beinen.

»Tja, vermutlich ist es wirklich besser, wenn du dich jetzt erst mal um Lucky kümmerst. Du kannst dir ja später noch was holen, wenn du doch noch Hunger bekommst«, sagt sie schließlich und streicht mir über den Kopf.

»Danke«, antworte ich, obwohl ich nicht glaube, dass das passieren wird.

Lucky taumelt regelrecht durch den Flur. Ich bücke mich, um ihn hochzuheben. Dabei wird mir wieder ein bisschen schwindelig. Ich muss mich kurz an die Wand lehnen, dann geht es wieder.

Endlich sind wir in meinem Zimmer. Ich setze Lucky

ab, und er krabbelt sofort in sein Körbchen, wo er sich zusammenrollt, zweimal blinzelt und dann sofort anfängt zu schnarchen.

Na, super. Und was ist mit seinem Fressen?

Ich messe das Trockenfutter ab, fülle es in seinen Napf und stelle ihn direkt neben Luckys Körbchen. Eigentlich müsste er jetzt sofort aufspringen und sich darüber hermachen, aber bis auf ein kurzes Schnuppern mit geschlossenen Augen kommt von ihm überhaupt keine Reaktion.

Lucky hat's gut: Er muss sich weder waschen noch die Zähne putzen oder seine Klamotten gegen einen Pyjama tauschen, bevor er sich schlafen legt. Ich kann mich kaum

noch auf den Beinen halten, deshalb lasse ich mich auf die Bettkante sinken und ziehe mich im Sitzen um. Als ob ich ein alter Opa wäre. Vielleicht werde ich ja doch krank? Egal – ich beschließe, erst mal ein kurzes Nickerchen zu machen. Ins Bad kann ich später noch gehen …

Als ich aufwache, ist es stockfinster. Im Haus ist alles mucksmäuschenstill. Mama und Papa sind sicher auch längst im Bett. Ich spitze meine Ohren. Was ist das für ein Geräusch neben mir? Als ob jemand atmet. Da fällt mir ein, dass ich mein Zimmer ja jetzt mit Lucky teile. Was für ein Glück! Ich freue mich schon darauf, morgen wieder mit ihm zu spielen, zu kuscheln, spazieren zu gehen. Aber die Leuchtziffern meines Weckers zeigen an, dass es erst kurz nach Mitternacht ist. Noch viel Zeit bis zum Aufstehen. Sehr gut – ich bin auch noch ganz schön müde. Ich drehe mich auf die andere Seite und registriere noch, dass sich das irgendwie merkwürdig anfühlt. Als wäre ich viel kleiner als sonst. Aber bestimmt träume ich schon halb …

Puh, das hat gutgetan! Ich schlage die Augen auf und bin sofort hellwach. Was auch immer gestern mit mir los war, es ist weg. Einfach verflogen.

Ich recke und strecke mich ausführlich und drehe mich auf den Bauch. Auch wenn ich putzmunter bin, heißt das ja noch lange nicht, dass ich sofort aufstehen muss! Immerhin ist heute Sonntag. Da hab ich's nicht eilig.

Aber hey, was ist das? Unter meinem Kopfkissen schaut doch tatsächlich eine schwarz-weiße, haarige Hundepfote hervor!

Lucky, dieser Schlawiner ...

Wer hat ihm denn erlaubt, in mein Bett zu kriechen? Eigentlich sollte ich jetzt wohl mit ihm schimpfen, aber das bringe ich einfach nicht übers Herz. Bestimmt hat er sich in der Nacht einsam gefühlt und wollte sich so dicht wie möglich an mich kuscheln, weil ich jetzt sein Beschützer bin.

In diesem Moment wandert mein Blick rüber zum Hundekörbchen. Wenn Lucky bei mir im Bett liegt, sollte es ja eigentlich leer sein. Aber das ist es nicht.

Ich glaub, ich spinne: In dem Körbchen liegt jemand. Jemand, der eigentlich viel zu groß dafür ist. Und auch kein Fell hat, sondern einen blau-weiß gestreiften Schlafanzug trägt.

Ich kneife ganz fest die Augen zusammen, nur um sie dann umso weiter aufzureißen: Kein Zweifel – in dem Hundekörbchen liege ich selbst!

*Das kann doch nicht wahr sein!*, will ich erschrocken

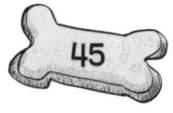

rufen – doch ich kriege kein Wort heraus. Alles, was ich hervorbringe, ist ein heiseres Krächzen.

Nein, eigentlich kein Krächzen – vielmehr klingt es wie Hundegebell.

»Wuff!«

**Lucky:**

Das war ja wohl der seltsamste Hundetraum aller Zeiten – und so lebensecht! Ich könnte schwören, ich hätte gerade ein Kläffen gehört. Hier im Zimmer. Dabei gibt es hier doch nur einen einzigen Hund – nämlich mich!

Ich will mich in meinem Körbchen umdrehen, so wie jeden Morgen, aber irgendwas ist anders. Das Körbchen scheint über Nacht geschrumpft zu sein. Oder bin ich etwa gewachsen? Jedenfalls passe ich überhaupt nicht mehr richtig rein.

Irgendwie gelingt es mir, mich aufzusetzen. Das fühlt sich zwar ungemütlich an, aber immerhin kann ich mich jetzt nach demjenigen umschauen, der hier gebellt hat. Dieser Zweibeinerwelpe wird doch nicht etwa noch einen weiteren Artgenossen hier aufgenommen haben? Eigentlich halte ich nicht viel davon, die Aufmerksamkeit von Herrchen und Frauchen zu teilen. Aber bei diesem Arthur wäre das natürlich etwas ganz anderes. Meinetwegen darf er knuddeln, drücken und nerven, wen er will – solange ich das nicht sein muss!

Und tatsächlich: Da sitzt eine Fellnase mitten auf dem Zweibeinerbett! Ganz schön dreist, dieser Kerl, der mich da ziemlich dämlich anstarrt.

Wobei – abgesehen von seinem reichlich unintelligenten Gesichtsausdruck ist es ein wirklich attraktives Exemplar. Schwarz-weiß gelocktes Fell, superbewegliche Ohren und richtig kluge Augen.

Moment: Der Kerl sieht ja genauso aus wie ich!

Habe ich etwa einen Doppelgänger?

Unmöglich – ich bin einmalig! Es gibt nur einen einzigen Lucky auf der Welt, das sagen selbst meine Zweibeiner.

Oder steht da etwa ein Spiegel? Sehe ich mich tatsächlich selbst? Verwirrt lasse ich meinen Kopf sinken – nur um zu Tode erschrocken zusammenzuzucken.

Ach du große Hundeschnauze! Was ist das? Ich trage Zweibeinerkleidung! Einen Schlafanzug. Und das ist noch nicht alles. Was nicht von dem blau-weiß gestreiften Stoff bedeckt wird, ist noch viel schlimmer: Hände. Und Füße!

Ich will aufjaulen! Kläffen, bellen, knurren, fiepsen, winseln – aber es klappt einfach nicht. Ich muss wohl die Hundesprache verlernt haben.

Also, noch mal von vorn: Ich habe Beine und Arme, ich kann nicht mehr Hundisch, ich trage Zweibeinerklamotten …

»Die Welt steht vollkommen auf dem Kopf!«

»Wuff!«

Ich erstarre. Jemand hat etwas gesagt. Und jemand hat gebellt. Und das Verrückte daran ist, dass nicht *ich* es war, der gebellt hat. Ich habe gesprochen.

Beim großen, wilden Wolf, dem Urahn aller Hunde: »Ich bin ein Zweibeiner!«

Vor Entsetzen springe ich auf. Und erschrecke sofort, wie hoch oben mein Kopf plötzlich ist! Um ein Haar knalle ich an die Deckenlampe ...

Doch auch ohne mir den Kopf zu stoßen, verliere ich fast das Gleichgewicht. Seltsam, nur auf zwei Beinen zu stehen, statt auf allen vieren! Eine ganz schön wackelige Angelegenheit.

In meiner Kehle fängt es an zu kitzeln. Ein blubberndes und gluckerndes Gefühl steigt aus meinem Bauch empor bis hoch zu meiner Schnauze. Ich stoße ein merkwürdiges Gekläff aus, das mir irgendwie bekannt vorkommt. Ich habe dieses Geräusch schon mal gehört. Aber nicht von einem Hund. Nein, von meinen Zweibeinern. Sie nennen es *Lachen*.

Auch meinen Doppelgänger hält jetzt nichts mehr im Bett. Er hüpft heraus und stakst ungeschickt im Zimmer auf und ab. Was ist denn das für ein merkwürdiger Laufstil? So seltsam schaukelnd, fast wie ein Kamel. Oder als wären ihm die Hinterläufe eingeschlafen. Nein, jetzt hab ich's: Als hätte er noch nie zuvor auf vier Pfoten gestanden!

Das Chaos in meinem Kopf macht mich ganz verrückt! Aber so langsam ordnen sich meine Gedanken etwas – es ist, als würde ich nach und nach die Puzzlesteine zu einem Rätsel finden und die Antworten wie von selbst auf den richtigen Platz rutschen.

Ich muss mich setzen. Meinem vierbeinigen Doppelgänger scheint es genauso zu gehen. Allerdings hüpft er zu diesem Zweck auf Arthurs Schreibtischstuhl, während ich mich auf dem Boden niederlasse. Es ist, als wäre das der letzte Beweis für meine aberwitzige Theorie.

Die Worte kommen noch etwas holperig aus meiner Schnauze – nein, aus meinem Mund, muss ich wohl besser sagen.

»Wenn ich, Lucky, auf einmal in einem Zweibeinerkörper stecke – bist du dann etwa Arthur, der in meinem Hundekörper steckt?«, frage ich langsam.

»Wuff«, macht mein Doppelgänger, der mit allerhöchster Wahrscheinlichkeit Arthur ist. Leider beherrscht er die Körpersprache der Hunde noch viel schlechter als ich die Menschensprache. Denn die Signale, die er mir sendet, sind widersprüchlich: Er wedelt mit dem Schwanz, senkt den Kopf, legt die Ohren

an, gähnt und hebt gleichzeitig eine Pfote. Was in aller Welt will er mir damit sagen?

»Das musst du wohl noch lernen«, sage ich kopfschüttelnd. »Okay, vorläufig müssen wir uns anders verständigen: Kannst du einfach nicken, wenn du wirklich Arthur bist?«

Für einen Moment hoffe ich, dass er es nicht tut. Dass das hier bloß ein sehr, sehr abgefahrener Traum ist. Aber es ist wohl vielmehr eine sehr, sehr abgefahrene Wirklichkeit. Denn der Hund, der so aussieht wie ich, nickt tatsächlich.

# 5.

# Nichts für Anfänger

Lucky:

Schon oft habe ich mir vorgestellt, wie es ist, ein Zweibeiner zu sein. Immer wenn ich gemütlich in meinem
Körbchen lag und mein Herrchen beobachtet habe,
wie es verzweifelt über etwas brütete, das er *Kreuz-
worträtsel* nennt, oder mein Frauchen, wie es Kleider
anprobierte und sich dabei seufzend im Spiegel be-
trachtete ... Da war mir klar, dass ich ganz schön Glück
gehabt habe, als Hund auf die Welt gekommen zu
sein.

*Und jetzt das!*

Zum Glück quält mich bisher niemand mit irgend-
welchen Zeitungsrätseln oder engen Röcken. Momentan habe ich noch vollauf damit zu tun, mich an
den aufrechten Gang zu gewöhnen und daran, in Menschensprache zu kommunizieren. Nicht zu fassen,
dass Zweibeiner ausgerechnet auf diese beiden Dinge

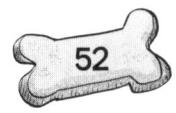

52

so wahnsinnig stolz sind … Ich finde das Laufen nach wie vor eine reichlich wackelige Angelegenheit, und das Sprechen ist irre anstrengend. Mir tut schon nach zwei Sätzen der Hals weh!

Jemand klopft an die Zimmertür. »Arthur, seid ihr wach? Das Bad ist frei! Ich mach jetzt Frühstück.«

Das muss Arthurs Mutter sein.

»Wuff, wuff«, macht Arthur, der ihr natürlich nicht wie gewohnt antworten kann.

»Und vergiss nicht, mit Lucky rauszugehen, er scheint dringend mal zu müssen.«

Tatsächlich – ich verspüre einen ganz schönen Druck auf der Blase. Höchste Zeit, dass Arthur mit mir Gassi geht …

Da fällt mir ein, dass es genau umgekehrt ist: *Ich muss mit ihm Gassi gehen.* Und natürlich muss ich seiner Mutter auch antworten, denn schließlich hält sie mich für ihren Sohn. Weil ich in seinem Körper stecke.

*Verflixt, ist das kompliziert!*

»Ja, wir sind wach und gehen gleich raus!«, rufe ich zurück. Dann warte ich kurz ab, bis die Zweibeinerin wieder in Richtung Küche verschwunden ist, und schleiche mich dann ins Bad. Arthur kommt hinterher. Er hüpft um die Toilette herum – wie ich weiß der Ort, an dem Zweibeiner sich erleichtern. Damit er endlich

aufhört zu nerven, nehme ich ihn hoch und halte ihn über diese weiße, glänzende Schüssel, damit er ausgiebig hineinpinkeln kann.

»Selbst schuld – jetzt hast du nachher nicht mehr genug Munition, um beim Gassigehen Bäume und Sträucher zu markieren«, kommentiere ich.

Er legt seinen (oder eigentlich ja: meinen) Kopf schief und guckt ganz verwirrt. Ich muss lachen, was sich merkwürdig anfühlt, aber nicht unangenehm. Sieht ganz danach aus, als wüsste Arthur gar nicht, was *Markieren* bedeutet.

»Beim Dranpieseln hinterlässt du eine Duftspur und informierst alle anderen Vierbeiner darüber, dass du hier warst und hundemäßig cool bist«, erkläre ich.

So ganz scheint er es noch nicht kapiert zu haben, aber für weitere Erklärungen reicht meine Geduld leider nicht aus. Denn ich muss jetzt auch mal. Ganz dringend!!!

*Nur wie?*

Normalerweise würde ich einfach das Bein heben. Aber das ist mir zu gefährlich. Ich kann ja kaum auf zwei Beinen das Gleichgewicht halten, viel weniger auf einem …

Mir bleibt also nichts anderes übrig, als mich auf das Ding, diese Toilette, draufzusetzen.

Wie unbequem! So macht pieseln echt keinen Spaß …

Um ein Haar hätte ich vergessen, anschließend abzuspülen. Arthur erinnert mich mit seinem Gekläff daran. Und auch ans anschließende Händewaschen … Jahaaa, ich weiß, die Zweibeiner sind total versessen darauf, sich ständig zu waschen. Am Ende muss ich wohl auch noch meine Zähne putzen?

Ich entdecke drei Becher mit Zahnbürsten, wie sie auch meine Zweibeiner benutzen. Die Becher sind beschriftet – auf einem steht *Arthur*.

Aha, ich kann offenbar lesen, stelle ich erstaunt fest. Vermutlich kann ich alles, was Arthur draufhat. Auch wenn das garantiert ziemlich wenig ist und sowieso lauter nutzloses Zeug.

Mehr aus Neugier nehme ich dieses Zahnbürstenteil in beide Hände und schiebe es mir vorsichtig in den Mund.

Puh, das schmeckt ja nach gar nichts! Wozu das wohl gut ist? Etwa, um ein starkes, gesundes Gebiss zu bekommen?

Ich finde, es reicht völlig, jeden Abend einen schönen Knochen zu zernagen. Blöde Zahnbürste. Ich stelle sie zurück in den Becher. Dann betrachte ich mich im Spiegel. Nicht zu fassen, dass ich aussehe wie

ein Zweibeinerwelpe. Nein, falsch: dass ich ein Zweibeinerwelpe *bin*!

Das Ganze ist ein Albtraum …

Ich muss raus hier. An die frische Luft!

»Wo willst du denn in diesem Aufzug hin, Arthur?«, fragt der Zweibeiner. Arthurs Papa.

»Ähm«, mache ich verwirrt, weil ich nicht gleich kapiere, dass er mit mir spricht – und dann fieberhaft überlege, was er mit *diesem Aufzug* meint. »Ich geh Gassi. Mit Lucky.«

Puh, zum Glück ist mir eingefallen, dass ich den Vierbeiner nicht als Arthur bezeichnen darf, denn sonst halten sie mich womöglich für total übergeschnappt.

»Aber doch nicht im Schlafanzug«, erwidert der Zweibeiner und lacht dröhnend.

Schlafanzug? Oh, er meint wohl das ge-

streifte Ding, das ich anhabe … Stimmt, jetzt fällt es mir wieder ein: Die Zweibeiner tragen für jeden Anlass spezielle Klamotten. Das fand ich schon immer ziemlich unpraktisch. Wir Hunde haben's da einfacher. Wir haben unser Fell, und das bietet immer perfekten Schutz. Bei jedem Wetter und an jedem Ort. Im Körbchen genauso wie im Park.

»Na ja, der arme Lucky hat es eilig«, behaupte ich. »Aber gut, dann ziehe ich mich eben um.«

In der Hoffnung, dass Arthur mir hilft, die richtigen Sachen auszusuchen, mit denen ich mich nicht schon wieder blamiere, verziehe ich mich wieder ins Kinderzimmer.

**Arthur:**

Wie abgefahren ist das denn?

Ich habe mir so sehr gewünscht, einen Hund zu bekommen – aber ganz bestimmt nicht, einer zu *sein*! Doch so verrückt es klingt: Genau das ist passiert.

Und was hab ich davon? Ich muss raus, um in aller Öffentlichkeit zur Toilette zu gehen. Zum Glück hat mich Lucky, der sich aus irgendeinem Grund in meinen Doppelgänger verwandelt hat, wenigstens kurz über die Toilette gehalten. Aber vor lauter Aufregung muss ich schon wieder ... Und diesmal gibt's keinen Ausweg.

*Mama, Papa, ihr müsst mich doch erkennen! Ich bin's, euer Arthur! Ich stecke bloß im falschen Körper. Helft mir bitte! Oh, rieche ich Frühstück? Lecker! Hebt mir was auf, bis wir zurück sind ...*

Es ist wie verhext! Sie verstehen mich einfach nicht. Wie auch? Ich bringe kein vernünftiges Wort heraus. Alles, was ich von mir gebe, ist lautes Hundegebell.

»Also, dann gehen wir mal«, sagt Lucky. Er trägt jetzt eine Jeans, ein T-Shirt und Sneakers. Ohne Socken, aber das sieht ja keiner. Ich habe ihm geholfen, die Sachen auszusuchen. Bleibt mir ja nichts anderes übrig, sonst blamiert er mich noch. Schlimm genug, dass Mama und Papa glauben, ich wollte eben im Schlafanzug rausgehen! Als wäre ich nicht mehr ganz dicht. Tsss.

»Sehr verantwortungsvoll von dir«, lobt Mama. »Wir warten auch mit dem Frühstück auf dich. Möchtest du eine heiße Schokolade mit Sahne?«

*Oh ja, gerne!*

»Schokolade? Ich weiß nicht. Vielleicht lieber Wasser«, nuschelt Lucky. Eigentlich müssten meine Eltern spätestens jetzt begreifen, dass sie gerade nicht mit ihrem Sohn reden – sondern mit einem Wesen, das bloß so aussieht.

»Hahaha, sehr witzig«, kichert Mama. »Du bekommst natürlich deinen Kakao. Und das Wasser überlassen wir Lucky.«

Na großartig.

Mürrisch folge ich Lucky nach draußen. Wir laufen denselben Weg wie gestern, nur dass ich da am anderen Ende der Leine war. Wo es mir wirklich viel, viel besser gefallen hat!

Oje, da vorne kommt uns ein anderer Hund entgegen. Was jetzt? Wie reagiert man da als Vierbeiner? Sagt man hallo? Wedelt mit dem Schwanz? Beschnuppert sich? Zeigt Zähne? Oder tut man so, als wäre nichts? Keine Ahnung.

*Lucky, hilf mir bitte. Was soll ich machen?*

»Hör auf zu bellen, Arthur«, tadelt er mich leise. »Das ist Trixi. Die kenne ich.«

Er wirkt auf einmal ganz aufgeregt.

Ich auch, und entsprechend verstärkt sich auch wieder der Druck auf meine Blase. Gerade will ich mein Bein heben und an einen Strauch pinkeln, da zerrt Lucky an der Leine.

»Doch nicht, wenn Trixi zuschaut!«, zischt er mich an.

Hey, wie ist der denn auf einmal drauf? Grinst von einem Ohr zum anderen und leckt sich sogar die Lippen, als wäre diese Trixi kein Pudelmädchen, sondern eine Sahnetorte. Oder ein Bratwürstchen – je nachdem, was man lieber mag.

»Hallo Arthur!«, grüßt das Mädchen, das Trixis Leine hält. Jetzt erst erkenne ich sie: Es ist Emily. Sie ist ein bisschen jünger als ich und geht in die dritte Klasse.

»Wuff!«, antworte ich. *Hallo Emily, na, alles klar?*, soll das eigentlich heißen. Zugegeben, das wäre auch nicht viel besser gewesen. Aber allemal besser als das, was Lucky jetzt von sich gibt.

»Guten Morgen, Trixi, du Hübsche!«, säuselt er und beugt sich zu der Hundedame runter – aber nicht, um sie zu streicheln, sondern um sie zu beschnüffeln. »Hmmm, du duftest wieder köstlich.«

Emily runzelt die Stirn. Die glaubt bestimmt, er hat einen Totalknall.

Nein, halt: Sie glaubt, *ich* habe einen Totalknall!

»Ähm, ja, wir müssen dann mal weiter«, sagt sie dann auch schnell und zerrt Trixi hinter sich her.

»Wuff«, macht die leise, und ehe ich mich's versehe, leckt sie mir voll übers Gesicht! Boah, wie krass ist das denn?

»Hab ich das richtig gesehen? Hat sie dich geküsst? Hat sie? Hat sie? Hat sie?« Lucky ist jetzt total aufgeregt.

*Also, geküsst würde ich das nicht nennen, oder war das ein Hundekuss? Keine Ahnung. Warum?*

»Mist, ich versteh dich nicht. Du bellst so undeutlich. Aber ich muss es wissen, ich muss einfach! Sag schon: Hat sie? Kannst du nicken, wenn die Antwort Ja heißt?«

Na gut. Die Sache scheint ihm ja echt wichtig zu sein. Ich nicke. Und er flippt vor Glück fast aus.

»Sie hat? Sie hat wirklich? So richtig in echt? Boah. Wow. Seit einer Ewigkeit schwärme ich für sie und heute habe ich mich endlich getraut, mit ihr zu flirten ...«

Ach du liebe Zeit. Lucky ist verknallt! Und das musste er ihr ausgerechnet jetzt zeigen? Ich möchte echt nicht wissen, was Emily über mich denkt!

Nachdem Trixi und Emily außer Sicht sind, darf ich auch endlich mein Bein heben. Was übrigens gar nicht so einfach ist. Erst weiß ich gar nicht, welches ich nehmen soll, und probiere es mit vorne links.

»Hinten rechts!«, kommandiert Lucky und schüttelt den Kopf.

*Als ob du dich auf der Menschentoilette so geschickt angestellt hättest!*, verteidige ich mich.

»Ja, ich hab auch Hunger wie ein Wolf«, erwidert Lucky.

Nicht mal er versteht mich. Für einen kurzen Moment fühle ich mich furchtbar einsam.

Dann wird mir klar, was er da gerade gesagt hat. Hunger wie ein Wolf habe ich auch. Aber nicht mehr lange –

denn gleich gibt es was Leckeres. Auf einmal habe ich es sehr eilig.

»Hey, nicht an der Leine ziehen!«, schimpft Lucky, aber dann rennt er mir einfach hinterher.

*Frühstück, wir kommen!*

# 6.
## Essen oder Fressen?

**Lucky:**

Arthurs Eltern haben Wort gehalten: Auf dem Tisch steht so viel herrlich duftendes Fresschen, dass mir fast schwindelig wird!

»Hier, deine heiße Schokolade«, sagt die Zweibeinerin, die ich ab sofort wohl *Mama* nennen muss, und stellt mir eine hellblaue Tasse hin. Der weiße, cremige Schaum scheint die Sahne zu sein, von der sie vorhin gesprochen hat. Ich beuge mich vor und lecke daran. Sie schmeckt einfach himmlisch. Ich nehme einen großen Happs davon und seufze glücklich.

»Nimm bitte den Löffel, Arthur«, tadelt sie mich sanft. »Du bist doch kein Hund.«

Bin ich wohl! Die hat ja keine Ahnung …

Ich überlege kurz, die ganze Sache mit dem Tausch zu erklären, aber nach einem kurzen Blickwechsel mit Arthur lasse ich es doch lieber.

*Nichts sagen, die glauben uns sowieso nicht*, sagt mir sein Hundeblick.

»Möchtest du Müsli, ein Brötchen oder lieber ein Schokocroissant?«, will der Zweibeiner wissen.

Gute Frage. Keine Ahnung, was ein *Müsli* ist. Und diese Brötchen-Dinger scheint man mit einem silbernen Werkzeug zerteilen und dann mit einer Schmiere namens *Butter* bestreichen zu müssen. Ich fürchte, das kriege ich nicht so ohne Weiteres hin. Das Croissant dagegen ist einfach zu essen: in die Hand nehmen und reinbeißen. Jedenfalls macht der Zweibeiner das so.

»Ich nehme auch ein Schokocroissant, wie Arthurs Papa«, sage ich, obwohl mir das mit der Schokolade immer noch ein bisschen Angst macht. Weil sie ja giftig ist. Aber nur für Hunde. Zurzeit bin ich ja ein Mensch, also sollte das ungefährlich sein …

Ich beiße hinein und kann kaum fassen, wie lecker dieses Croissant ist. Knusprig und weich und fettig und süß und einfach wunderbar! So ganz anders als alles, was ich in meinem Hundeleben je probiert habe.

»Hahaha, du bist ja ein

Scherzkeks«, kichert die Zweibeinerin. »*Arthurs Papa.*
Und ich bin dann wohl Arthurs Mama?«

Natürlich ist sie das. Was gibt es da zu lachen?

Ich spüre einen Schubser gegen mein Bein. Schnell werfe ich einen Blick unter den Tisch.

»Wuff«, macht Arthur und schüttelt den Kopf.

Ups, ach ja! Die Zweibeiner halten mich doch für ihren Sohn! Das darf ich nicht ständig vergessen. Da habe ich mich wohl etwas eigenartig ausgedrückt.

»Ich weiß, ich bin Arthur«, sage ich schnell, aber das macht es natürlich nicht besser.

»Selbstverständlich bist du Arthur – wer solltest du sonst sein?«, erwidert die Zweibeinerin stirnrunzelnd. Sie hat gerade das zerlegte Brötchen mit Butter bestrichen und bearbeitet jetzt ein Ei mit dem Werkzeug. Ich beglückwünsche mich selbst dazu, mich nicht für diese Art von Futter entschieden zu haben. Es ist schwierig genug, aufrecht auf dem Stuhl zu sitzen. Furchtbar anstrengend und echt unbequem. Was spricht dagegen, im Stehen zu fressen, direkt mit dem Maul aus einem Napf? Generationen von Hunden haben das schon so gemacht.

Ich trinke meine Tasse in einem Zug leer und stopfe mir dann den Rest des Crois-

sants in den Schlund. Es bleiben nur ein paar Krümel übrig. Ein paar superköstliche Krümel! Ich kann nicht anders – ich muss den Teller ablecken.

»Fertig!«, rufe ich und springe auf.

»Aber Arthur, wie benimmst du dich denn heute?« Die Zweibeinerin wirkt irritiert. Vom echten Arthur scheint sie ein anderes Verhalten gewohnt zu sein. Auch Arthurs Papa, der gerade eine Schale mit diesem Müsli-Zeug füllt, wundert sich – das kann ich deutlich sehen. Merkwürdigerweise kann ich es nicht riechen. Normalerweise verlasse ich mich in erster Linie auf meine Ohren und meine Nase. Aber heute liefern die mir längst nicht so viele Informationen wie sonst. Mir bleibt also nichts anderes übrig, als mich, wie die anderen Zweibeiner, auf die Sehkraft zu konzentrieren.

»Na gut, dann esse ich eben noch was«, gebe ich nach und greife nach einem weiteren Croissant.

»Aber iss bitte anständig!«, sagt Arthurs Mama. Ich habe zwar nicht die geringste Ahnung, was *anständig* bedeutet, aber ich könnte mir vorstellen, dass ich lieber trödeln sollte. Wir Hunde fressen ja immer so schnell wir nur können. Das haben wir von unseren Urahnen gelernt, den Wölfen. Denn draußen in der Natur könnte jederzeit ein Feind angreifen und einem

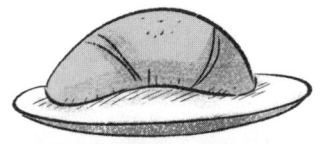

die Beute streitig machen. Doch was man im Magen hat, kann einem keiner wegnehmen!

Die Zweibeiner scheinen da anders zu ticken. Kunststück – wenn so viel auf dem Tisch steht, muss man auch nicht befürchten, dass man nicht satt wird.

Ich gebe mir Mühe, so langsam zu futtern wie Arthurs Eltern. Es klappt so mittelgut.

Gerade als ich nach dem dritten Schokocroissant greife, hüpft Arthur auf meinen Schoß. Die Zwei-

beiner lachen und staunen, wie hoch Lucky springen kann.

»Ich glaube, er hat Hunger«, sagt die Zweibeinerin, weil Arthur an meinem Croissant schnüffelt.

»Nein, aus!«, schimpfe ich. »Du darfst das nicht fressen! Schokolade ist giftig für Hunde, genauso wie Pilze, Avocados, Tomaten und Nüsse!«

Ich muss unbedingt verhindern, dass Arthur, der von alldem natürlich keine Ahnung hat, meinen Hundekörper aus Versehen vergiftet.

»Ist das wirklich so?«, staunt seine Mama. »Das ist mir neu. Wie gut, dass du so viel über Hunde weißt, Arthur.«

Haha. Guter Witz. Arthur weiß gar nichts. Nicht mal, wie sich ein Hund benimmt.

Endlich habe ich einen Grund, vom Tisch aufzustehen. »Eins ist sicher: Er hat einen Riesenhunger. Ich mach ihm jetzt mal sein Futter, und dann passe ich auf, dass er sich auch wirklich ausruht.«

Die Zweibeiner-Eltern nicken. »Sehr gute Idee«, loben sie mich.

»Komm, Ar... ähm, Lucky«, sage ich. Puh, gerade noch mal gutgegangen. Um ein Haar hätte ich mich verplappert. Ich muss wirklich aufpassen, was ich sage. Dieses Problem hat Arthur nicht. Der Glückliche!

**Arthur:**

Das ist ja wohl ein Witz! Schlimm genug, dass ich mit ansehen musste, wie Lucky meine heiße Schokolade mit Sahne geschlürft und meine Croissants vertilgt hat … Jetzt soll ich diesen undefinierbaren Fraß zu mir nehmen? Und das auch noch direkt aus dem Napf? Igitt! Eher verhungere ich!

»Nur zu, das enthält alles, was ein Hundekörper braucht«, drängt mich Lucky. »Fleisch, Innereien, Gemüse, Reis, Weizenkeime, und das Ganze ohne Konservierungsstoffe und chemische Farb- oder Lockstoffe.«

Na herrlich. Rohes Fleisch und Innereien finde ich nun wirklich nicht sonderlich verlockend.

»Das hält gesund und vital und sorgt für ein glänzendes Fell«, ergänzt Lucky, während er auf die Dose starrt.

Moment – kann er etwa *lesen*? Und bedeutet das womöglich, dass ich es *nicht* mehr kann?

Ich laufe hinüber zu meinem Bücherregal und versuche, die Titel zu entziffern. Natürlich erkenne ich meine Lieblingsbücher – an den Farben. Das hier muss mein Kinderlexikon sein, daneben stehen mehrere Bände von *Greg's Tagebuch* und eine Witzesammlung … Doch die Schrift ist für mich nichts weiter als ein farbiges Muster. Krass!

»Los, du musst was fressen, sonst wirst du schlapp«, lockt mich Lucky zurück zum Napf.

Nun ja, so ganz unrecht hat er wohl nicht. Mir ist schon ganz flau zumute. Das liegt bestimmt daran, dass Lucky gestern Abend vor lauter Müdigkeit sein Futter gar nicht angerührt hat. Jemand muss den Napf dann später geleert und den Inhalt entsorgt haben. Bestimmt Mama oder Papa, als sie noch mal ins Zimmer geschaut haben. Das machen sie immer, bevor sie schlafen gehen.

Ich frage mich, ob ich zu dem Zeitpunkt noch ich selbst war oder schon in Luckys Hundekörper gesteckt habe. Das macht mich irgendwie traurig, und ich schniefe ein bisschen.

»Du schnüffelst? Gutes Zeichen«, kommentiert Lucky, der zum Glück nicht auch noch Gedanken lesen kann. »Riecht lecker, was? Probier doch einfach mal!«

Na ja, als lecker würde ich das jetzt nicht unbedingt bezeichnen. Aber was mir da in die Nase steigt, riecht zumindest nicht widerlich. Besser als befürchtet.

Ich nähere mich dem Napf. Stecke meine Nase hinein und atme einen intensiven Duftschwall ein. Seltsamerweise fühle ich mich nicht abgestoßen, sondern urplötzlich total ausgehungert.

*Na gut – ich könnte das Zeug ja wenigstens mal probieren.*

»Braves Kerlchen«, lobt Lucky, und ich könnte wetten, dass er sich gerade lustig über mich macht.

*Ein Käsebrot wäre mir wirklich lieber*, versuche ich ihm mitzuteilen, aber natürlich bringe ich mal wieder nur Hundegebell hervor.

Ach, egal. Bringt doch sowieso alles nichts. Ich stecke in einem Hundekörper, ich bin hungrig wie ein Wolf, vor mir steht ein Napf voller Dosenfutter ...

Ich mache mich also darüber her. Ausgehungert, wie ich bin, leere ich den Napf innerhalb kürzester Zeit.

*Schade. Ich könnte noch eine Portion davon vertragen!*

»Nun sei mal nicht so gierig«, lacht Lucky, und noch immer staune ich darüber, dass er mit meiner Stimme spricht – und in meinem Körper steckt. Besonders blöd finde ich, dass ich ihm gerade mal bis zum Knie reiche. Ungewohnt, so klein zu sein. Und nicht antworten zu können. Und ...

»Hunde sind niemals satt, wusstest du das? Von selbst würden wir nie aufhören zu fressen.« Lucky scheint sich an die menschliche Sprache gewöhnt zu haben. Er genießt es richtig, mir Vorträge zu halten und mich zu belehren. Und jetzt nimmt er mich auch noch in den Arm, um mich zu knuddeln. Was sich nicht annähernd so angenehm anfühlt, wie ich gedacht habe. Ich winde mich aus seiner Umklammerung und lege den Kopf schief: *Aber ich habe wirklich noch Hunger!*

»Das haben wir ebenfalls von unseren Wolfsvorfahren

geerbt«, setzt Lucky seine Erklärung fort. »Denn die wissen ja nie, wann sie wieder Futter finden. Also stopfen sie sich so voll, wie es nur geht. Wir Haushunde bekommen ja regelmäßige Mahlzeiten, deshalb ist dieses Verhalten nicht mehr sinnvoll. Aber das Gefühl, niemals richtig satt zu sein, ist geblieben.«

*Das ist nicht nur ein Gefühl – das ist echt! Ich verhungere!*

»Warte, ich mache den Napf sauber und gebe dir ...«

*Ja, ja, noch mehr Futter!*

»... frisches Wasser.«

Wasser also. Und darüber soll ich mich jetzt freuen?

Wobei – ich habe tatsächlich Durst. Aber wie funktioniert das mit dem Trinken bei Hunden? Ich kann ja schlecht den Napf zwischen die Pfoten nehmen und den Rand an die Lippen setzen wie ein Glas. Und Trinkhalme für Vierbeiner wurden wohl noch nicht erfunden ...

Testweise halte ich die Schnauze hinein. Schön feucht. Aber mehr als ein paar Tropfen landen nicht in meinem Magen. Verärgert schnappe ich zu – mit dem Resultat, dass mir Wasser ins Auge spritzt.

»Du bist wirklich witzig«, kichert Lucky. »In Wasser kann man doch nicht reinbeißen!«

*Sehr schlau. So viel weiß ich jetzt auch. Erklär mir lieber, wie es richtig geht!*

73

»Du musst mit der Zunge eine Art Kelle formen. Und damit löffelst du das Wasser einfach. Ja, genau – fast hast du's geschafft. Noch ein bisschen mehr Schwung. Einfach in die Kehle schleudern. Jaaaa, genauso!«

Als ich fertig bin mit Saufen, fühle ich mich furchtbar müde. Ich muss jetzt wohl dringend ein bisschen verdauen. Und das macht man am besten im Bett! Ich meinte natürlich: im Körbchen …

# 7.

# Was für ein Albtraum!

**Arthur:**

Was könnte ich heute für tolle Sachen machen, wenn ich nicht in Luckys Hundekörper gefangen wäre? Ich würde im Garten ein bisschen auf die Torwand schießen. Ich würde lesen, Rad fahren, Musik hören, Dartpfeile werfen. Oder mir einen Film ansehen …

Na gut, normalerweise müsste ich sonntags auch Hausaufgaben machen, weil ich damit immer bis zur letzten Minute warte. Natürlich könnte ich sie auch schon am Freitagnachmittag hinter mich bringen oder spätestens am Samstag, dann wäre das Thema abgehakt. Mama und Papa finden, dass ich mir das Leben selbst schwer mache, indem ich lästige Sachen immer so lange aufschiebe.

»Was man ungern macht, erledigt man am besten sofort, das gibt einem ein gutes Gefühl«, behauptet Papa. Kann sein, dass er damit recht hat, aber wenn ich eine

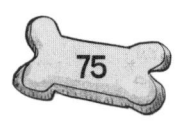

lange Schulwoche hinter mir habe, will ich erst einmal gar nichts mehr von Mathe, Deutsch und Englisch sehen oder hören.

Wie gesagt, eigentlich wäre jetzt Hausaufgaben-Zeit. Aber am Montag startet in der Schule eine Projektwoche, und deshalb ist heute alles anders.

Tja, und nicht nur deshalb. Heute ist ja sowieso alles anders! Statt zu lesen und Filme zu gucken, liege ich in einem Hundekörbchen herum und träume vor mich hin, während Lucky mein Zimmer in ein heilloses Durcheinander verwandelt. Auf dem Boden liegen überall Bücher herum, außerdem Brettspiele, die man eigentlich gar nicht allein spielen kann, und dann hat er auch noch meine Lego-Kiste gefunden.

Wie soll man denn da ein Verdauungsschläfchen machen, bei dem Geklapper und Geraschel? Mir ist noch nie aufgefallen, wie wahnsinnig laut die Bausteine sind. Aber das liegt vielleicht auch daran, dass ich jetzt Hundeohren habe. Wahnsinn! Ich kann sogar hören, was Mama und Papa im Wohnzimmer gerade besprechen!

»Ich hätte wirklich nicht gedacht, dass sich Arthur so toll um den Hund kümmern würde«, sagt Mama gerade.

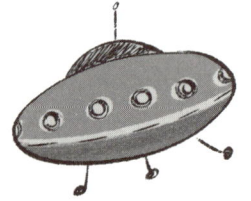

»Ja, und wie viel er über Hunde weiß! Er muss wohl jede Menge darüber gelesen haben«, erwidert Papa.

Ich schäme mich ein bisschen, denn eigentlich hatte ich bis heute überhaupt keinen Plan von Hunden. Ich habe mir nur gewünscht, einen zu besitzen. Was Hunde essen dürfen und was nicht, wie sie sich fühlen, wenn man sie zu fest knuddelt, oder wie empfindlich sie gegen Lärm sind, darüber habe ich mir keine Gedanken gemacht.

Also gilt das Lob eigentlich gar nicht mir, sondern Lucky. Zum Glück hat er – mit meinen Menschenohren – nichts von dem Gespräch mitbekommen, sonst würde er sich womöglich noch was drauf einbilden.

Zumal er sich ruhig ein bisschen mehr mit mir beschäftigen könnte! Die ganze Zeit spielt er allein vor sich hin, statt mir im Garten ein paar Bällchen zu werfen.

In diesem Moment schaut Mama zur Zimmertür herein. »Arthur, es gibt gleich Mittagessen!«, sagt sie.

*Hurra, Mittagessen!*, freue ich mich.

Dann wird mir klar, dass sie gar nicht mich meint.

Auch Lucky unterbricht sofort sein Spiel. »Ich komme!«, ruft er begeistert und springt auf. »Was gibt's denn für ein Fr…, ich meine, was gibt es Leckeres?«

»Aber das weißt du doch, Arthur, du hast mich doch beim Einkaufen begleitet: Knödel, Krustenbraten mit Soße und Rotkohl. Wie du es dir gewünscht hast.«

»Klingt toll! Knnnnnödel ...«, seufzt er verzückt. Natürlich hat er nicht die geringste Ahnung, was Knödel überhaupt sind. Ich dafür umso mehr. Sie sind nämlich mein Leibgericht! Genau wie Lucky hält mich jetzt nichts mehr, ich hüpfe aus dem Körbchen und wedele mit dem Schwanz.

»Es dauert noch ein paar Minuten, bis das Essen auf dem Tisch steht, ich wollte dich nur schon mal vorwarnen«, sagt Mama. »Vielleicht nutzt du die Zeit für einen kurzen Gassigang? Ich glaube, der Hund muss mal raus, er ist schon ganz unruhig.«

*Bin ich nicht! Ich will Knödel!*

Mir wird klar, dass ich von diesem herrlichen Sonntagsessen garantiert nichts abbekomme. Wenn ich Glück habe, gibt es für mich ein Trostleckerli, während sich Mama, Papa und der Hund, den sie für ihren Sohn halten, über die Köstlichkeiten hermachen.

Entsprechend mies ist meine Laune, als ich tatsächlich angeleint werde. Es bleibt mir aber nichts anderes übrig,

als mit Lucky mitzugehen. Hin und wieder hebe ich mein Bein und piesele mürrisch gegen Bäume, Sträucher und Laternenpfähle.

Dass uns unterwegs mindestens drei andere Hunde begegnen, macht die Sache nicht besser. Ich habe keine Ahnung, wie ich mich verhalten soll und was ihr Bellen bedeutet. Wollen sie mich angreifen? Mit mir spielen? Mich begrüßen? Einer beschnüffelt sogar ausführlich meinen Po, was ich ziemlich eklig finde. Hoffentlich erwartet er nicht, dass ich dasselbe bei ihm mache. Puh, nein, dazu kann ich mich echt nicht durchringen!

Die Menschen, die uns begegnen, sind aber auch nicht viel besser. Zum Beispiel unsere Nachbarin, die alte Frau Tannhofer. Sie beugt sich einfach zu mir runter und begrapscht mich!

»Hach, hat der ein weiches Fell, und so schön lockig!«, kräht sie übertrieben laut. Ich fiepse auf, weil mich ihre schrille Stimme total erschreckt und weil sie mir außerdem ein paar Haare ausrupft, was echt wehtut. Und wie streng sie riecht! Nach Haarspray, Mottenkugeln, Likör, Putzmittel und Sauerkraut. Mir wird fast schlecht. Ganz ehrlich – mir wäre fast lieber, mein Geruchssinn wäre nicht so geschärft.

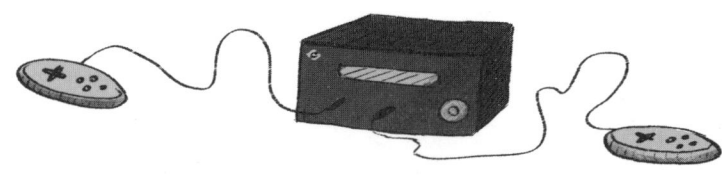

Ich bin echt froh, als wir wieder zurück sind. Während sich Mama, Papa und Lucky über die leckeren Knödel hermachen, bekomme ich immerhin einen Knochen. Das Nagen ist wahnsinnig anstrengend. Ich hebe mir den Rest für später auf und verkrümele mich ins Körbchen. Solange ich ein Hund bin, will ich einfach nur fressen und schlafen. *Bitte nicht stören!*

**Lucky:**

Zugegeben: Was das Thema Fresschen betrifft, könnte ich mich echt daran gewöhnen, ein Zweibeiner zu sein. Vier Mahlzeiten am Tag und zwischendurch noch Leckerli, die sie *Knabberzeug* und *Süßigkeiten* nennen. Das ist ja wie im Hundehimmel!

Aber dass dieses Knödelfutter heiß ist und man es nur mit Werkzeugen fressen kann, hätte nun echt nicht sein müssen. Ich bevorzuge kühle Kost in einem schönen Napf. Das ist doch viel einfacher!

Auch sonst sehne ich mich sehr nach meinem gewohnten Hundeleben zurück. Natürlich war es wirklich interessant, mal in die Haut eines Zweibeiners zu schlüpfen. Zu erfahren, wie es sich anfühlt, zu sprechen oder auf Stühlen herumzusitzen. Aber ganz ehrlich: Mir reicht's. Ein Tag als Mensch genügt mir dicke!

Zudem habe ich mich ausgerechnet in einen Zweibeinerwelpen verwandelt. Dabei bin ich doch längst erwachsen! Mit vier Jahren befinde ich mich im allerbesten Hundealter. Und Kinder gehen mir tierisch auf die Nerven!

Na gut – diese ganzen Bücher und Spielsachen, die ich in Arthurs Zimmer so entdeckt habe, sind ja nicht uninteressant. Aber auch wahnsinnig anstrengend. Und wegräumen muss man es hinterher auch noch.

Da bleibt ja überhaupt keine Zeit mehr zum Faulenzen!

Dazu kommt, dass ich mich wie betäubt fühle. Düfte und Geräusche nehme ich nur ganz schwach wahr. Das heißt, ich muss meine Augen so anstrengen, dass ich sie kaum noch offen halten kann.

Nach dem Fressen muss ich mich also unbedingt hinlegen, aber dann werde ich geweckt, weil es schon wieder Kuchen gibt und dann muss ich noch mal mit Arthur rausgehen, den ja alle immer noch für mich halten. Dabei gibt er einen miserablen Vierbeiner ab! Er versteht ja nicht mal die Körpersprache der anderen Hunde, die uns begegnen.

Zum Glück wohnen meine Zweibeiner nicht in dieser Gegend. Denn hier hat Arthur meinen Ruf schon gewaltig ruiniert! Ich bin froh, dass wir bei unserem Abendspaziergang dann keinem mehr begegnet sind.

Am schlimmsten aber ist die Sache mit dem Zähneputzen. Diesmal ist die Zweibeinerin nämlich zufällig dabei, als ich mich vor dem Schlafengehen im Bad fertig mache. Sie sucht etwas im Badezimmerschrank und ermahnt mich, »gründlich und drei Minuten« zu putzen. Da sie neben mir steht, kann ich die Bürste nicht einfach im Becher stehen lassen. Dazu diese

Zahnpasta! Sie schmeckt fürchterlich scharf und jagt mir Tränen in die Augen. *Drei Minuten* – das hört sich ja harmlos an, aber inzwischen glaube ich, dass es eine Umschreibung von *ewig* sein muss. Es scheint unendlich zu dauern, bis ich das widerliche Zeug endlich wieder ausspucken kann.

Die Zweibeiner wundern sich zwar darüber, dass ich so früh ins Bett gehen will, aber dieser Tag war dermaßen anstrengend. Ich kann mich einfach nicht länger auf den Beinen halten.

Doch als ich dann so daliege, komme ich einfach nicht zur Ruhe. Obwohl ich es unbedingt will, kann ich nicht einschlafen. Vielleicht liegt es an diesem ungewohnten Körbchen, das sie *Bett* nennen? Es ist mir einfach zu groß und zu warm und zu weich.

Und überhaupt ist alles so schrecklich ungewiss. Wenn ich nur wüsste, was mich erwartet, wenn ich aufwache!

»Ich kann nur hoffen, dass dieser verrückte Tausch über Nacht rückgängig gemacht wird und ich morgen wieder ein normaler Hund bin!«, sage ich in die Dunkelheit hinein.

»Wuff!«, bellt Arthur zustimmend. »Wuff, wauauwuff!«

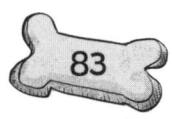

Das klingt, als versuche er ganz dringend, mir etwas zu sagen. Ich knipse die Nachttischlampe an.

»Wuff, wawawauuuu«, macht er.

Weil ich noch immer nicht verstehe, was er meint, steht er auf und tapst hinüber zum Tisch, auf dem jede Menge Stifte liegen. Darunter steht eine dieser Taschen, die Zweibeinerwelpen so gerne auf dem Rücken tragen.

Arthur stupst mit der Schnauze dagegen. »Wauwuffwau!«

Da fällt mir ein, zu welchem Anlass die Zweibeinerwelpen diese Dinger normalerweise dabeihaben …«

»Du denkst an die Schule?«, frage ich.

Arthur nickt. Zu blöd, dass er nicht sprechen kann. Beziehungsweise dass ich gerade keine Hundesprache verstehe. Das macht es wirklich kompliziert.

»Du meinst, dass morgen Schule ist, richtig?«

Arthur fiepst.

»Tja, ich habe nicht die geringste Lust auf so viele andere Zweibeinerwelpen!«, verkünde ich. »Morgen früh ist dieser Albtraum sicher vorbei und du kannst in deine Schule gehen, während ich mir hier einen ruhigen Tag mache.«

Ja, genauso wird es kommen.

Es muss einfach.

Unbedingt!

Sonst bricht das absolute Chaos aus …

# 8.

# Abenteuer Schule

Lucky:

Es hat nicht funktioniert. Das merke ich, noch bevor ich die Augen öffne. Auch ohne scharfe Hundespürnase erkenne ich den Waschmittelgeruch, der noch in Arthurs Kopfkissen steckt. Und natürlich spüre ich, dass ich zugedeckt bin. Muss ich ja, denn ohne Fell würde ich sonst ganz schön frieren.

»Mist«, knurre ich, während ich mich aufsetze und die zwei einzigen Beine, die ich habe, aus dem Bett schwinge.

Damit hat sich meine allerschlimmste Angst bewahrheitet: Ich stecke noch immer in Arthurs Körper – und er in meinem. Irgendwie war ich total sicher, dieser Spuk würde über Nacht von selbst verschwinden, genauso wie er gekommen ist. Aber da habe ich mich wohl gründlich geirrt.

Ich werfe einen Blick hinüber zu meinem Körbchen.

Arthur macht ein so betröppeltes Gesicht, dass ich fast lachen muss.

Okay, nicht nur fast: Ich muss wirklich lachen.

Dabei ist die Situation nun wirklich nicht komisch.

»Wir müssen uns unbedingt überlegen, wie wir zurücktauschen können«, sage ich, jetzt wieder ernster.

In dem Moment wird die Zimmertür aufgerissen.

»Bist du wach, Arthur?«, ruft die Zweibeinerin. »In einer halben Stunde musst du los. Freust du dich auf die Projektwoche?«

»Ähm, ja«, erwidere ich vorsichtig, denn der echte Arthur kann ja nicht antworten und ich weiß nicht, ob Schule etwas ist, worauf Zweibeinerwelpen sich freuen. Ich persönlich freue mich natürlich kein bisschen. Ich weiß ja noch nicht mal, wie ich den Weg dorthin finden soll!

»Den Gassigang mit Lucky übernehme ich«, sagt sie gut gelaunt. Dabei streicht sie mir über den Kopf und haucht mir einen Kuss auf die Wange. Seltsames Gefühl. Ich wische mit dem Ärmel darüber und sie lacht. Komisch, was diese Zweibeiner alles lustig finden. Manchmal lachen sie auch, wenn ihnen nichts anderes einfällt.

Also lache ich auch. Was hätte ich auch sonst sagen sollen?

»Beeil dich lieber, sonst muss Karim wieder auf dich warten«, ermahnt sie mich noch schnell, bevor sie Arthur anleint. »Deine Schulbrote liegen bereit. Und ein Schokocroissant ist auch noch da. In einer halben Stunde kommt Karim. Lass ihn nicht warten.«

Puh, das erleichtert mich unendlich! Dass Karim versprochen hat, Arthur abzuholen, habe ich total vergessen. Perfekt, dann werde ich mich wenigstens nicht verlaufen.

»Hi«, begrüßt mich Karim und hält seine Hand hoch. Ich habe keine Ahnung, warum er das tut, aber ich mache es ihm nach.

»Noch nicht ganz wach?«, kommentiert er und klatscht seine Hand an meine. Okay. Das scheint so eine Art Zweibeinerwelpenbegrüßung zu sein.

»Nö, ich schlafe noch halb«, erwidere ich.

»Warum hast du denn die Schultasche dabei? Die brauchen wir in der Projektwoche doch gar nicht«, sagt Karim verwirrt.

»Ähm – na ja, für das Futter«, erwidere ich, und mit dieser Erklärung scheint er sich zufriedenzugeben. Jedenfalls marschiert er los und ich folge ihm. Dabei achte ich darauf, immer einen halben Schritt hinter

ihm zu bleiben, sonst merkt er womöglich, dass ich keine Ahnung habe, wohin wir gehen.

Karim erzählt von seinem Wochenende und ich verstehe leider nur die Hälfte. Keine Ahnung, was ein *Vergnügungspark* ist oder eine *Achterbahn* und ein *All-you-can-eat-Burger-Restaurant*. Aber es muss wohl was Gutes sein, so begeistert wie er klingt. Ich nicke und lache. Das scheint zu passen. Jedenfalls fällt ihm nicht auf, dass ich gar nicht Arthur bin.

Dann kommen wir an eine Fußgängerampel. Sie ist rot. Das kenne ich. Bei roten Ampeln muss man warten und Sitz machen.

»Spinnst du jetzt? Warum hockst du dich denn auf den Boden?«

Karim starrt mich entgeistert an. Für einen kurzen Moment überlege ich, ihm alles zu erzählen. Aber würde er mir glauben? Wohl eher nicht. Er würde mich höchstens für verrückt halten.

»Tja, äh, ich bin wirklich noch sehr müde!«, erkläre ich stattdessen und rappele mich wieder auf. Stimmt, das mit dem Hinsetzen gilt nicht für Zweibeiner. Muss ich mir merken.

Als wir ankommen, erschrecke ich maßlos. Ich weiß gar nicht, was ich mir vorgestellt habe. Vermutlich so

etwas wie die Hundeschule, die ich als Welpe besucht habe. Eine riesengroße Wiese, umrahmt von Schatten spendenden Bäumen und einem kleinen Bach. Wo man übt, im Slalom um Stangen zu laufen oder über kleine Hindernisse zu hüpfen.

Hier dagegen gibt es weder Bäume noch Bäche und statt einer Wiese nur einen betonierten Hof. Vor allem aber gibt es ganz viele graue Mauern. Wie fürchterlich!

Kein Wunder, dass die Zweibeinerwelpen so zappelig und übermütig sind, wenn sie dann mal raus dürfen. Ich möchte auch nicht den ganzen Tag hier eingesperrt sein ...

Am liebsten würde ich sofort abhauen. Aber wohin? Am Ende bekommt Arthur noch Ärger. Na gut, dann gehe ich eben mit Karim hinein.

Vor einer großen, vollgekritzelten Wand bleibt er stehen. Das scheint der Raumplan zu sein, auf dem geschrieben steht, welches Projekt wo stattfindet.

»Schade, dass du nicht mitkommst zu *Tiere und ihr Verhalten*. Jetzt, da du einen Hund hast, würde das ja viel besser passen als *Roboter basteln*«, findet Karim.

Und weil ich das auch finde, streiche ich kurz entschlossen Arthurs Namen auf der Teilnehmerliste dieses Roboterkurses durch und ergänze ihn unter Karims Namen.

*Hey, ich kann schreiben. Interessant.*

»Du hast recht. Ich komme mit dir!«, verkünde ich. Denn erstens interessiert mich wirklich, was Zwei-

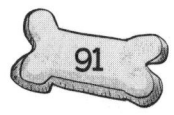

beiner glauben, über uns Vierbeiner zu wissen. Und zweitens habe ich keine Ahnung, wie ich allein zu diesem Ort namens *Physiksaal* finden soll, in dem die Roboter (was auch immer das nun wieder ist) gebaut werden.

»Oh, es ist niemand sonst aus unserer Klasse dabei«, stellt Karim fest, als wir im Biosaal ankommen und uns umschauen. Ich finde das gut – dann wundert sich auch niemand, dass ich die Namen nicht weiß …

Natürlich sitzen alle wieder auf Stühlen. Scheint ein echtes Zweibeinerhobby zu sein, dieses Rumsitzen. Ich würde mich viel lieber auf dem Boden zusammenrollen, aber das würde wohl ziemlich auffallen und ich will lieber unsichtbar sein. Irgendwie muss ich diesen Schultag überstehen, ohne als Hund im Kinderkörper enttarnt zu werden. Sobald ich wieder zurück bei Arthur bin, müssen wir gemeinsam einen Plan aushecken. Ich will endlich wieder ein richtiger Vierbeiner sein!

**Arthur:**
Wann hört dieser Spuk bloß endlich auf? Ich war noch nie im Leben so enttäuscht wie heute Morgen, als ich in Luckys Hundekörbchen erwacht bin.

Dass ich mich dann auch noch ausgerechnet von Mama an der Leine ausführen lassen musste, hat meine Laune nicht gerade gehoben. Echt peinlich, vor ihren Augen mein Geschäft zu erledigen. Ich bin doch kein Baby mehr!

Was mir allerdings viel mehr Sorgen macht, ist die Tatsache, dass Lucky an meiner Stelle in die Schule gegangen ist. Ich kann nur hoffen, dass er dort nicht an einen Baum pinkelt oder sonst wie meinen Ruf zerstört ...

Nachdenklich leere ich den Napf, der mal wieder viel zu wenig Futter enthält. Ich könnte doppelt so viel verputzen – oder auch drei Mal so viel!

Dann streichelt mir Mama übers Fell und sagt, ich soll mich schön ausruhen, solange sie und Papa auf der Arbeit sind.

»Gegen Mittag kommt Arthur aus der Schule und geht dann gleich mit dir raus«, tröstet sie mich.

*Ich bin's doch, Arthur! Das musst du doch spüren, Mama!*

»Ach, bestimmt verstehst du mich sowieso nicht«, seufzt sie und richtet sich auf.

*Wie bitte? Natürlich verstehe ich dich. Jedes Wort!*

»Schön brav sein«, kommentiert Mama mein Bellen – denn natürlich kommt meine Antwort bei ihr nur in Hundesprache an.

Nachdem die Tür hinter ihr ins Schloss gefallen ist, lege ich mich tatsächlich ins Körbchen. Aber schon nach wenigen Minuten wird mir dort langweilig. Stattdessen durchforste ich die ganze Wohnung. Seltsam, alles von unten wahrzunehmen. Mein Kopf ist nicht viel höher, als sonst meine Knie sind.

Und dann die vielen Gerüche! Im Bad riecht es nach Duschgel, Zahnpasta, Mamas Shampoo und Papas Rasierwasser. In der Küche mischen sich die köstlichsten Düfte, von frischem Brot und Kaffee bis zu Vanille und Basilikum. Zurück in meinem Zimmer, steigt mir ein eher übles Aroma in die Nase. Puh, das müssen meine Socken sein, die hinter den Schreibtisch gerutscht sind. Igitt, die müffeln ja widerlich.

Ein Geräusch lässt mich zusammenzucken. Kommt es von draußen? Dafür wäre es ganz schön laut. Andererseits sind meine Hundeohren ja so viel empfindlicher als mein normales Gehör.

Da – jemand ist an der Haustür. Und fummelt am Schloss herum! Es klingt anders als ein Schlüssel, der sich im Schloss dreht. Es kratzt und schabt. Ist das etwa ein Einbrecher? Na, der kann was erleben! Todesmutig schleiche ich durch den Flur und bringe mich in Position. Sobald der Einbrecher hereinkommt, werde ich über ihn herfallen …

Langsam schwingt die Tür auf. Ich knurre gefährlich. Das sollte genügen, um ihn abzuschrecken.

Tut es aber nicht. Ich knurre lauter und zeige die Zähne. Wenn er noch einen Schritt näher kommt, beiße ich zu, ich schwöre!

»Was ist denn mit dir los, Arthur – erkennst du mich nicht?«

Mit einem Schlag fällt die Anspannung von mir ab. Ich plumpse auf meinen Hundepo und starre mich selbst an. Genauer gesagt: Lucky, der in meinem Körper steckt. Und der gerade zum ersten Mal in seinem Leben eine Tür aufgeschlossen hat. Ziemlich ungeschickt vermutlich …

*Was machst du denn hier? Solltest du nicht in der Schule sein?*

»Du musst mitkommen, Arthur«, verkündet Lucky, während er meine Leine vom Haken an der Garderobe nimmt. Dabei mustert er mein Skateboard, das in der Ecke an der Wand lehnt. »Ich muss nämlich was beweisen. Niemand will mir glauben, wie viel ich über Hunde weiß. Lächerlich – diese rundliche Rudelchefin mit den roten Haaren leitet ein Projekt über das Verhalten von Tieren, aber sie hat nicht mehr Ahnung als diese dummen Welpen …«

*Moment, Lucky. Ganz langsam. Du hast also von den Robotern zu den Tieren gewechselt? Bei Frau Sonntag? Okay, das war vermutlich gar nicht mal so dumm. Aber was musst du da jetzt beweisen – und was hat das mit mir zu tun?*

Ich bin völlig verwirrt. Da greift Lucky auch noch nach meinem Skateboard.

»Wir nehmen das hier. Damit sind wir schneller.«

*Nee, keine gute Idee! Das kannst du doch gar nicht!*

Aber Lucky versteht mein Bellen anscheinend als Zustimmung. Oder es ist ihm egal, was ich dazu meine. Jedenfalls klemmt er sich das Board unter den Arm und scheucht mich nach draußen.

Während wir in Richtung Schule rollen – Lucky ist tatsächlich ein ziemlich großes Skater-Talent! Wer hätte das gedacht! –, bringt er mich auf den neuesten Stand der Dinge. Offenbar hat Frau Sonntag, unsere Biolehrerin, die Schüler gebeten, reihum von ihren Erfahrungen mit Haustieren zu erzählen. Und Lucky fand die meisten Wortmeldungen einfach nur dämlich.

»Ein Mädchen hat doch tatsächlich behauptet, dass ihr Hund Turniersport liebt und sich über Pokale freut. Das ist totaler Quatsch – Hunde interessieren sich kein bisschen für Pokale, das tun bloß Zweibeiner.«

*Und das musste er natürlich lauthals kommentieren.*

»Bei den Geschichten über Hamster, Ponys und Katzen habe ich nicht richtig zugehört. Aber als dann ein Junge gesagt hat, sein Hund sei früher immer so lieb gewesen und auf einmal ganz ungehorsam geworden, konnte ich mich nicht mehr zurückhalten: Ich musste ihm erklären, dass sein Hund bestimmt total verunsichert ist, weil er nicht weiß, wer der Chef im Haus ist. Wenn es kein

Alphatier im Rudel gibt, muss er den Job nämlich selbst übernehmen und sich durchsetzen. So einfach ist das.«

Aha. Leider weiß ich immer noch nicht, warum ich jetzt mitkommen soll. Was hat Lucky mit mir vor?

»Die Chefzweibeinerin wollte einfach nicht glauben, dass ich so viel über Hunde weiß. Und die Welpen auch nicht. Also muss ich es wohl beweisen!«

*Oh nein. Das ist keine gute Idee. Gar keine gute Idee!!!*

»Da bin ich wieder – und das ist mein Hund Ar... Lucky!«, verkündet Lucky, nachdem er die Tür zum Biosaal aufgerissen hat. Alle starren mich an, als wäre ich ein mittleres Weltwunder.

Vorsichtig hebt Lucky mich hoch und setzt mich auf seinem Tisch ab. Er streichelt mich und flüstert mir ins Ohr, ich solle ganz entspannt sein und einfach nur genau das tun, was er sagt.

*Haha. Guter Witz.*

Ich soll also nach seiner Pfeife tanzen? Der träumt wohl!

# 9.

# Zwei Sorten Kekse

Lucky:

So, jetzt will ich den unwissenden Zweibeinerwelpen mal beibringen, wie Hunde ticken. Vor allem Arthur sollte sich meine Lektion gut merken, damit er Bescheid weiß, wie er mit mir umgehen soll, wenn wir zurückgetauscht haben.

Was hoffentlich sehr bald der Fall sein wird!

Als Erstes erkläre ich die Körpersprache der Hunde. Für einen Moment steht Arthur auf der Leine und ich muss ihm einen kleinen Schubser geben. Danach funktioniert unser Teamwork hervorragend: Ich beschreibe die Haltung, die er einnehmen soll, und schwuppdiwupp, tut er genau das.

»Wenn er mit dem Schwanz wedelt, freut er sich meistens«, erkläre ich. »Manchmal bedeutet das aber auch, dass er unruhig und verunsichert ist.«

Arthur wedelt, was das Zeug hält.

»Sind seine Ohren spitz nach oben gestellt, ist er wachsam – sind sie dagegen eng am Kopf angelehnt, hat er Angst.«

Zum Glück kann Arthur inzwischen schon richtig gut mit meinen beweglichen Ohren umgehen. Er macht exakt, was ich sage.

»Wenn er die Lefzen hochzieht und die Zähne zeigt, dabei knurrt und die Nackenhaare aufstellt, ist das eine typische Drohgebärde. Da ist Vorsicht geboten«, erkläre ich, und Arthur knurrt gefährlich. Er kommt ziemlich glaubwürdig rüber.

»Unglaublich, dein Hund scheint dich wirklich zu verstehen«, staunt die Dame mit den roten Haaren, Frau Sonntag. »Hat Lucky auch ein paar Tricks drauf?«

Hey, gar nicht so dumm für eine Zweibeinerin! Damit bringt sie mich auf eine richtig gute Idee …

»Na klar. Lucky ist der klügste Hund der Welt, und wir haben wirklich hart trainiert. Wenn es den anderen nicht zu langweilig wird, geben wir eine kleine Kostprobe.«

Arthur wirft mir einen flehenden Blick zu. Er ist wohl schon ziemlich ausgepowert. Aber natürlich lasse ich mich davon nicht bremsen – zumal die Zweibeinerwelpen begeistert in die Hände klatschen und »Wir wollen Tricks sehen!« brüllen.

»Alles klar«, gebe ich den Startschuss. »Lucky – spring auf den Boden! Sitz und Platz! Roll dich auf den Rücken! Mach Männchen! Dreh dich rechts herum! Und jetzt links herum. Gib Pfötchen! Stell dich schlafend! Heul wie ein Wolf! Hüpf wieder auf den Tisch!«

Meine Kommandos kommen Schlag auf Schlag, und irgendwie schafft es Arthur sogar, dieses rasante Tempo mitzuhalten.

Alle sind wahnsinnig beeindruckt, auch die Lehrerin.

»Ihr müsst ja monatelang geübt haben«, staunt Frau Sonntag. Ich nicke nur und grinse. Das ist die Zweibeiner-Art, die Zähne zu zeigen, ohne jemanden zu bedrohen. Ich habe noch nicht ganz begriffen, was es bedeutet, aber es fühlt sich gut an.

Dann fällt mein Blick auf Karim, der irritiert die Stirn runzelt. Sicher denkt er daran, dass Arthur und ich uns erst seit vorgestern kennen. Ich zwinkere ihm zu und mache ein »Pssst«-Zeichen, das ich mir von Manfred, meinem Zweibeiner, abgeschaut habe. Er macht das immer, wenn er mir einen Extra-Knochen zusteckt, von dem die Zweibeinerin nichts wissen soll.

Karim begreift zwar nicht, was genau ich damit meine, aber er nickt. Bestimmt erwartet er, dass ich ihm später eine Erklärung liefere. Bis dahin muss ich mir was einfallen lassen.

Der Schultag ist viel schneller vorbei, als ich gedacht habe. Das liegt garantiert daran, dass ich so viel Spaß hatte! Als es klingelt und alle ihre Sachen zusammenpacken, bin ich fast enttäuscht.

»Darf ich Lucky morgen wieder mitbringen?«, frage ich die Lehrerin noch schnell, bevor wir gehen.

»Aber selbstverständlich – ein Hund, der so gut erzogen ist wie deiner, ist in meiner Projektgruppe herzlich willkommen«, erwidert sie.

Mit Arthur an der Leine mache ich mich auf den Heimweg. Inzwischen laufe ich die Strecke zum vierten Mal und habe keine Angst mehr, mich zu verlaufen. Außerdem ist ja jetzt Arthur dabei. Vorhin war das noch riskanter! Der Vorschlag, meinen Hund holen zu gehen, war ziemlich unüberlegt gewesen. Zum Glück habe ich die Ampel wiedererkannt, an der ich mich auf dem Hinweg versehentlich hingesetzt habe – sonst hätte ich mich womöglich verlaufen. Und dann wären wir garantiert aufgeflogen, Arthur und ich …

»Hey, wohin so schnell?« Karim kommt uns hintergerannt. »Sag mal, was war denn das eben? Du hattest doch kaum Zeit, mit Lucky zu trainieren. Wie hast du das hingekriegt?«

*Das ist nicht Lucky, sondern Arthur. Ich bin Lucky – ich stecke nur im Zweibeinerwelpenkörper fest. Deshalb versteht er auch jedes Wort. Wir mussten also gar nicht üben,* denke ich. Aber ich wage nicht, die Katze aus dem Sack zu lassen.

»Luckys Besitzer haben ihm das alles beigebracht, und weil wir uns so gut verstehen, gehorcht er auch

mir«, behaupte ich einfach. Und es käme garantiert noch glaubwürdiger rüber, wenn Arthur mir in diesem Moment nicht auf den Fuß pieseln würde.

**Arthur:**

Ganz ehrlich – ich bin langsam echt genervt! Warum hat mich Lucky so herumgescheucht? Fand er das etwa witzig? Oder wollte er sich an mir rächen?

Okay, inzwischen sehe ich ein, dass ich mich am ersten Tag nicht besonders hundefreundlich benommen habe. Im Gegenteil – ich habe ihn ganz schön bedrängt. Bestimmt war das sehr unangenehm.

Aber mich vor der ganzen Projektgruppe und unserer Biolehrerin dermaßen herumzukommandieren, war echt fies!

Und dann behauptet er auch noch, er hätte mich dressiert! Na gut – dann wollen wir mal sehen, wer hier wen im Griff hat! Um Lucky zu ärgern, trödele ich herum, schnüffele ausgiebig und piesele an jeden Busch. Inzwischen ist mir das auch kaum noch peinlich, obwohl mir nicht nur Lucky und Karim dabei zusehen, sondern auch alle möglichen anderen Leute.

»So richtig gehorsam scheint er aber nicht zu sein«, kommentiert Karim nach einer Weile, und Lucky be-

kommt ganz rote Ohren. Fast habe ich Mitleid mit ihm, doch als ich bei nächster Gelegenheit ein Bein hebe und dabei ins Straucheln gerate, lacht er sich halb schief. Und mein Mitleid ist wie weggeblasen.

Wieder zu Hause, folge ich Lucky in mein Zimmer, wo er sich auf mein Bett und ich mich in sein Körbchen fallen lasse.

Unser kleiner Konkurrenzkampf von eben ist ganz plötzlich verschwunden. Denn auf einmal wird uns klar, dass wir in einem Boot sitzen.

*Ich habe keine Lust mehr, ein Hund zu sein*, belle ich.

»Ich will unbedingt wieder ein Vierbeiner werden!«, erklärt Lucky.

Wir sind uns also einig. Sehr schön.

*Aber wie kriegen wir das hin?*

»Wir müssen herausfinden, was den Tausch ausgelöst hat. Und dann machen wir das Ganze irgendwie rückgängig«, murmelt Lucky nachdenklich. »Es muss etwas sein, was wir am ersten Tag getan haben. Aber was?«

*Gute Frage. Vielleicht etwas, was wir falsch gemacht haben?* Da käme einiges infrage. Jedenfalls habe ich vieles verkehrt gemacht – Lucky dagegen …

»Es betrifft uns ja beide. Also muss es etwas sein, was wir gemeinsam getan haben«, überlegt Lucky weiter.

Nachdenklich schiebt er sich einen Keks in den Mund. Als er meinen flehenden Blick bemerkt, wirft er mir eine Handvoll Leckerli zu. Und in dem Augenblick begreife ich es.

*Ja, ja, das ist es! Weißt du noch? Der Kekstausch? Begreifst du nicht, was das bedeutet?*

»Ist ja gut, Arthur. Uns fällt schon noch was ein«, versucht Lucky, mich zum Schweigen zu bringen. Also springe ich auf und hüpfe immer und immer wieder an dem Regal hoch, auf dem die Kekse liegen – seine und meine. Meine und seine.

Blöderweise begreift Lucky noch immer nicht, denn er sagt nur, ich soll nicht so verfressen sein.

Ich werfe mich verzweifelt auf den Rücken und rolle mich im Kreis herum.

Irgendwann kratzt sich Lucky am Kopf. »Sieht fast so aus, als wolltest du mir etwas sagen.«

*Ja, ja, will ich!*

»Hast du etwa eine Idee?«

*Ja, und zwar eine richtig gute! Eine geniale!*

Wieder springe ich am Regal hoch. Lucky steht auf und kommt näher. Er greift nach den Keksen. Ich nicke so heftig, dass mir fast schwindelig wird. Doch er steckt sich nur einen weiteren in den Mund und legt die Packung gedankenverloren zurück.

*Oh Mann, du warst doch ganz nah dran! Heute stehst du aber wirklich auf der Leitung. Wenn ich bloß sprechen könnte ...*

»Sei brav, Arthur. Ich kann dir nichts davon geben, das sind nämlich Zweibeinerkek... Ach soo! Das meinst du also die ganze Zeit?«

Ich nicke wieder.

»Du kluger Zweibeinervierbeiner!«, jubelt Lucky. »Du hast recht – ja, das muss es sein. Unser Kekstausch hat den Körpertausch verursacht. Logisch, oder?«

*Sag ich doch die ganze Zeit. Ist total einleuchtend.*

»Tja, jetzt müssen wir nur überlegen, wie wir es wieder zurückdrehen können. Am besten ...«

*... indem wir den Fehler wiederholen: Ich esse einen Haferkeks und du einen Hundekeks.*

Diesmal ist Lucky derjenige, der nickt. Er scheint genau verstanden zu haben, was ich meine. Denn er tut genau das, was ich vorgeschlagen habe. Mir legt er einen Keks vor die Nase, das Leckerli behält er in der Hand.

»Auf drei: eins, zwei, Happs!«

Gleichzeitig lassen wir uns die Kekse schmecken.

Danach atmen wir erleichtert auf. Nur noch wenige Stunden, dann ist garantiert wieder alles normal. Morgen früh werde ich in meinem gemütlichen Bett auf-

wachen. Ich werde Brötchen essen, Kakao trinken, zur Schule gehen, sprechen wie jeder normale Mensch. Oh, ich kann es kaum erwarten!

# 10.

# Auf Spürnasen-Mission

**Arthur:**

Es ist zum Verrücktwerden! Die Kekssache hat nicht funktioniert. Dabei war ich so sicher! Es klang so logisch. Das hätte einfach die Lösung sein müssen.

Ist es aber nicht. Ich habe immer noch schwarz-weißes Fell, einen zotteligen Schwanz und superbewegliche Ohren. Und natürlich bin ich wieder in Luckys Körbchen aufgewacht …

Er ist nicht weniger enttäuscht als ich. Im Gegenteil, er wirkt regelrecht entsetzt, als er sich ächzend in meinem kuscheligen Bett aufsetzt und die Augen reibt.

»Was für ein Albtraum!«, stöhnt er.

*Allerdings*, kommentiere ich. *Das ist es wirklich. Jetzt kriegst du wieder mein leckeres Frühstück und ich muss feuchtes, kaltes, glibberiges Fleisch futtern.*

»Im Ernst – ich habe was ganz Fürchterliches geträumt«, erklärt Lucky, ohne auf mein Gebell einzugehen.

*Etwa von Monstern und Geistern und bösen Aliens?*

»Stell dir vor, meine Zweibeiner kamen, um mich abzuholen, aber ich war immer noch du. Und du warst ich. Also haben sie dich mitgenommen, und weil wir uns danach nie wieder getroffen haben, sind wir auf ewig im falschen Körper stecken geblieben.«

Seine Stimme zittert richtig vor Verzweiflung, und auch mir wird ganz mulmig zumute. Manfred und Evelyn kommen schon in wenigen Tagen aus dem Urlaub zurück. Was, wenn wir bis dahin nicht zurückgetauscht haben?

*Dann musst du ihnen eben erzählen, was los ist!*

»Die Zweibeiner würden mir nicht glauben, wenn ich mit der Wahrheit herausrücke – sie ist ja auch wirklich ziemlich absurd«, erwidert Lucky, als hätte er mein Gebell tatsächlich verstanden. Vielleicht war das bloß Zufall, vielleicht aber auch nicht. Inzwischen sind wir zwei ein echtes Team. Was wohl auch daran liegt, dass wir dasselbe Schicksal haben.

*Wir müssen eine Lösung finden, unbedingt!*

Denn wenn das mit dem Rücktausch wirklich nicht klappt, sind wir geliefert.

Aber darüber werden wir uns später die Köpfe zerbrechen. Erst einmal müssen wir los zur Projektwoche. Den Gassigang verbinden wir mit dem Schulweg.

Mama und Papa finden es richtig cool, dass heute Haustiere mitgebracht werden dürfen. »Das ist sicher sehr lehrreich und anschaulich«, sagt Papa.

Dass ich bereits gestern dort war und wie ein dressiertes Zirkuspferd vorgeführt worden bin, erwähnt Lucky nicht. Ich hoffe, ich muss heute nicht schon wieder vorturnen. Aber insgesamt ist es mir auf jeden Fall lieber, dass ich mitkommen darf. So kann ich besser kontrollieren, was Lucky in meinem Namen so treibt ...

Wir kommen allerdings nicht weit, denn kurz vor der Ampel stoßen wir auf Emily. Sie sieht ganz verloren aus.

»Wo steckt denn Trixie?«, ruft Lucky ihr schon von Weitem zu.

Als wir näher kommen, erschnuppere ich Verzweiflung und Angst – aber keine Spur von Trixie. An ihren Hundemädchengeruch erinnere ich mich nämlich noch ganz genau – schließlich hat sie mir vorgestern mit ihrer zarten Hundezunge über die Schnauze geschlabbert. Der Hundekuss, über den sich Lucky so gefreut hat, weil er ja eigentlich ihm galt.

Emilys Schultern zucken verdächtig, und Tränen laufen über ihre Wangen.

»Was ist los mit dir, du bist ja ganz nass im Gesicht«, wundert sich Lucky. Klar – Hunde weinen nicht. Er hat keine Ahnung, was da gerade vor sich geht.

»Tri-Tri-Trixie ist weg«, schluchzt Emily. »I-i-ich wollte mit i-hi-hier vor der Schu-hu-hule noch kurz auf die Hu-hundewiese, und gera-ha-hade als ich sie wi-wi-wieder anleinen wollte, i-hi-hist es passiert.«

Zum Glück macht Lucky keine blöde Bemerkung über ihr Gestotter. Vermutlich kapiert er, dass das an ihrem Zustand liegt. Emily stottert nur, wenn sie aufgeregt ist – und momentan ist sie vollkommen außer sich.

Stockend erzählt sie weiter, dass es irgendwo einen Knall gegeben hat, der Trixie so erschreckt hat, dass sie panisch davongerannt ist. Emily hat gehofft, sie wäre einfach nach Hause gelaufen, aber dort ist sie nicht. Jetzt fürchtet Emily, Trixie könnte überfahren worden sein. Oder jemand hat sie gefangen. Oder sie ist in einem fremden Stadtteil gelandet und findet nicht mehr nach Hause …

»Das ist übel«, stellt Lucky fest.

Was es leider nicht besser macht. Emily, die sich zwischendurch halbwegs beruhigt hat, fängt sofort wieder an zu schluchzen.

*Da müssen wir wohl ran!*

»Nicht bellen, Ar… – ähm, Lucky. Ich muss dringend nachdenken.«

Lucky steht leider mal wieder auf der Leitung. Aber nicht sehr lange. »Das wird schon wieder, Emily, wir helfen dir«, verkündet er.

*Ja, genau – wir schaffen das.*

»Ja-ha-ha, aber wie?«, fragt Emily, jetzt schon ein bisschen hoffnungsvoller.

»Das ist welpeneinfach: Wir gehen zu der Stelle, an der Trixie losgedüst ist, und mein Hund« – er deutet auf mich – »folgt dann einfach ihrem Geruch. Los, beeilen wir uns, solange die Spur noch frisch ist!«

»Aber wir müssen doch in die Schule. Ich kriege Ärger, wenn ich nicht hingehe.«

*Ja, den kriegen wir allerdings auch …*

»Gar kein Problem«, behauptet Lucky, der von Schulpflicht und Einträgen ins Klassenbuch natürlich noch nie was gehört hat. »Du sagst uns einfach, wo diese Stelle ist und wo du wohnst. Wir spüren Trixie dann auf und bringen sie zu dir nach Hause.«

»Echt, das wü-wü-würdet ihr tun?« Sie lächelt schon wieder.

Emily erklärt uns den Weg zur Hundewiese. »Und wo ich wohne, weißt du doch, Arthur.«

*Natürlich weiß ich das! Emilys Eltern haben einen Garten, genau wie bei uns. Wir müssen Trixie nur hineinlassen. Bitte lass dir nicht anmerken, dass du keine Ahnung hast, Lucky – ich werde dich schon hinführen.*

»Ähm, stimmt, das weiß ich ja«, stammelt Lucky verlegen.

Puh, Glück gehabt. Jetzt denkt Emily bloß, dass ich ein bisschen verpeilt bin – und nicht, dass ich den Verstand komplett verloren habe.

Lucky:

Trixie ist in Gefahr. Meine angebetete Trixie! Es darf ihr einfach nichts Schlimmes passiert sein. Beim großen, wilden Wolf, dem Urahn aller Hunde: Wir müssen sie finden!

Eben habe ich zwar so getan, als wäre das für uns gar kein Problem, aber in Wahrheit habe ich eine Riesenangst. Mehr als vor jedem Silvesterfeuerwerk!

Zum Glück ist Arthur an meiner Seite. Er legt ein ordentliches Tempo vor. Auf zwei langen Beinen ist es zwar leicht für mich, ihm zu folgen, aber ich kann mir gut vorstellen, dass es anstrengend für ihn ist.

»Danke, dass du mir hilfst«, sage ich zu ihm. »Ich meine, dass du mir hilfst, Emily zu helfen.«

Arthur bellt. Ich schätze, er durchschaut mich. Auch egal. Es kommt nur darauf an, dass wir Erfolg haben. Und dazu brauche ich ihn und seine Nase. Meine Nase! Ach, ich werde vor lauter Aufregung schon ganz durcheinander …

Es fühlt sich an, als wären wir eine Ewigkeit unterwegs. Endlich kommen wir bei der Hundewiese an.

»Hey, die kenne ich!«, rufe ich erstaunt. »Meine Zweibeinerin war schon oft …«

»Wuff«, macht Arthur laut. »Wuff-wauwau-wuff!«

Das klingt ja fast, als ob er mich warnen wollte.

Wovor nur? Ich schaue mich um. Nicht weit von uns steht ein Zweibeiner mit Fell im Gesicht, der mit seinem Labrador herumtobt. Er wirft uns einen seltsamen Blick zu.

Ups! Klar, ich habe von meiner Zweibeinerin gesprochen – als wäre ich selbst ein Hund. Okay, ich *bin* ja auch ein Hund, aber das kann er natürlich nicht ahnen.

»Also, ich meine, wir waren schon oft hier«, sage ich lahm. Den Weg hierher hätte ich allerdings nie im Leben gefunden, schon gar nicht von Arthurs Haus aus.

Aber das spielt jetzt alles überhaupt keine Rolle. Wir haben schließlich eine Mission zu erfüllen!

»Erinnerst du dich an Trixies Geruch?«, komme ich sofort zur Sache.

»Wuff«, macht Arthur und nickt.

»Dann such!«, kommandiere ich. »Such, such, such …«

»Wauwau«, macht Arthur, und das klingt leicht genervt. So als wollte er sagen, dass ich ihn in Ruhe lassen soll. Er weiß schon, was er zu tun hat.

Okay, ich seh's ein. Mir gehen die Zweibeiner mit ihren ständig wiederholten Kommandos auch ganz schön auf den Hundekeks. Und jetzt fange ich schon selbst damit an! Höchste Zeit, dass ich wieder zum echten Vierbeiner werde. Aber erst müssen wir Trixie retten.

Arthur schnüffelt herum, ich folge ihm schweigend.

Was mir schwerfällt. Am liebsten würde ich ihn permanent fragen, ob er schon eine Spur gefunden hat. Urplötzlich flitzt er los und kugelt mir dabei fast die Pfote, äh Hand, aus. Die Leine fest umklammert folge ich ihm. Arthurs Nase ist dicht über dem Boden. Jaaa, er hat die Fährte aufgenommen! Wir laufen quer durch die Stadt, entlang breiter Straßen, über eine Fußgängerbrücke, in einen Park hinein und am anderen Ende wieder hinaus, über eine breite Kreuzung und hinein in ein Wohngebiet, das ich noch nie zuvor gesehen habe. Ganz ehrlich: Hätte ich Arthur nicht am anderen Ende der Leine, wäre ich jetzt total verloren.

Plötzlich bleibt Arthur stehen. Oh nein – hat er etwa Trixies Spur verloren? Wir stehen vor dem Eingang zu einem kleinen Park. Eigentlich ist es mehr eine Zweibeinerwelpenspielzone. Arthur schnüffelt und schnüffelt. Aufgeregt rennt er hin und her. Da wird mir klar, dass es hier einfach zu viele Spuren gibt, die Trixies Geruch überdecken! Arthur ist das nicht gewohnt.

»Warte mal. So kommen wir nicht weiter«, sage ich, und Arthur setzt sich sofort hin. Ich kratze mich am Kopf. So mache ich es immer, wenn ich gestresst bin und nicht weiß, was ich als Nächstes tun soll. Ich glaube, bei Zweibeinern ist das gar nicht so viel anders.

»Okay. Hier ist ein« – mein Blick fällt auf das Schild und ich lese den richtigen Namen dieses Ortes – »ein Kinderspielplatz. Im Moment sind keine Zweibeinerwelpen da. Vielleicht hat sich Trixie hier versteckt.« Ich öffne das Türchen zu dem Gelände. Daran hängt ein weiteres Schild. *Für Hunde verboten,* steht darauf. Was natürlich eine Frechheit ist. »Du kommst mit. Ich brauche deine Nase«, entscheide ich und ziehe Arthur hinter mir her. Er zögert kurz, weil er im normalen Leben vermutlich zu den Zweibeinern gehört, die sich von solchen Schildern einschüchtern lassen. Dann flitzt er voraus, die Nase wieder am Boden. Noch bevor er an dem Gestell aus Holz angekommen ist, ahne ich schon, dass sich meine Angebetete genau dort versteckt hat.

»Trixie, komm raus, wir sind gekommen, um dich zu retten!«, brülle ich und sprinte ebenfalls los.

»Wohohohau«, fiepst die entzückendste Hundestimme, die ich je gehört habe. Zu blöd, dass sie denkt, ich wäre Arthur. Trotzdem kommt sie jetzt auf mich zugekrabbelt. Bevor sie als Erstes wieder Arthur küsst, hebe ich sie vorsichtig hoch und streichle ihr weiches Fell.

»Alles ist gut, meine Süße«, flüstere ich ihr ins Ohr. Sie zittert noch immer vor Angst, aber langsam lässt es

nach. Aus einer plötzlichen Eingebung heraus erzähle ich ihr einfach alles. Dass ich eigentlich Lucky bin und zurzeit bloß so aussehe wie Arthur. Dass ich sie verehre und alles für sie tun würde. Dass ich hoffe, bald wieder in meinen Hundekörper zurückzukehren und sie dann küssen werde. Ich glaube, sie lächelt. Dann leckt sie mir übers Gesicht und ich bin der glücklichste Nicht-Hund der Welt!

# 11.

# Voll unfair!

**Lucky:**

Weil ich keine zweite Leine dabeihabe, muss ich Trixie wohl oder übel nach Hause tragen. Was mir natürlich überhaupt nichts ausmacht. Im Gegenteil – ich genieße es, sie so dicht bei mir zu haben, dass ich ihren Herzschlag spüren und ihren herrlichen Pudelduft einatmen kann. Und das, obwohl mein Geruchssinn so zweibeinermäßig mies ist.

Natürlich lasse ich mir nichts anmerken. Arthur würde meine Gefühle bestimmt nicht verstehen. Immerhin ist er noch ein Welpe. Ich dagegen bin ein erwachsener Hundeherr!

Obwohl ich ziemlich langsam laufe, sind wir viel zu früh vor Trixies Haus. Jedenfalls bleibt Arthur plötzlich vor einem Gartentor stehen und Trixie wird unruhig. Ich setze sie ab und öffne für sie das Türchen, um sie hineinzulassen. Dann winke ich ihr noch hinterher.

»Wuff«, macht Arthur. Entweder bedeutet das *Tschüss, Trixie,* oder er macht sich über mich lustig, weil ich Trixie so anschmachte. Ich glaube, ich will es gar nicht so genau wissen ...

»Hauptsache, wir haben Trixie in Sicherheit gebracht«, sage ich mit fester Stimme.

»Wohohau«, macht Trixie. Ich möchte wetten, sie kann es kaum erwarten, bis ich wieder in meinem Hundekörper stecke.

Als wir zu Hause ankommen, knurrt mein Magen gewaltig. Die Aufregung hat mich wohl hungrig gemacht. Kein Wunder, immerhin ist es auch schon Mittag! Wenn wir in der Schule gewesen wären, würden wir jetzt auch langsam eintrudeln. Mir fällt ein, dass der arme Arthur noch nicht einmal gefrühstückt hat! Ich fülle seinen Napf und er macht sich sofort darüber her. Anschließend durchsuche ich den Kühlschrank nach Zweibeinerfutter. Ich finde ein paar köstlich duftende Sachen, die *Marmelade, Fleischwurst, Oliven* und *Schlagsahne* heißen. Weil außer Arthur niemand da ist, der mich beobachtet, häufe ich alles in das große Ding, das Arthurs Papa als *Müslischale* bezeichnet, und futtere sie leer wie einen Hundenapf. Ohne dieses lästige Löffelding und ohne Hände.

»Aaaaah, das war gut!«

Jetzt bin ich satt und müde. Nach dem Essen muss ein anständiger Hund nun mal in Ruhe verdauen. Auch wenn er in einem Kinderkörper steckt. Ich verziehe mich zu Arthur, der schon in meinem Körbchen herumlungert. Das Futter hat er längst weggeschlabbert. Unglaublich – er frisst inzwischen sogar schneller als ich. Das heißt, er gewöhnt sich daran, ein Vierbeiner zu sein. Genauso wie ich mich ans Sprechen, Sitzen und aufrechte Gehen gewöhne. Was einerseits gut ist, andererseits erschreckend …

Ich sinke auf Arthurs Bett. »Wir müssen uns jetzt endlich überlegen, wie wir zurücktauschen«, nuschele ich, weil ich wirklich ziemlich schläfrig bin. »Aber erst machen wir ein Nickerchen. Okay?«

»Wuff«, bestätigt Arthur, der auch kaum noch die Augen offen halten kann.


»Na, ihr zwei Faulpelze – raus aus den Federn!«

Beim großen Wolf, wer weckt mich hier so unsanft? Träge schlage ich die Augen auf. Arthurs Mutter steht vor dem Bett, die Hände in die Seiten gestemmt.

Ich habe ja nicht gerade viel Ahnung von Zweibeiner-Körpersprache, aber wenn ich raten müsste, würde ich

sagen, sie ist nicht gerade glücklich. Vielleicht auch unzufrieden. Oder sogar sauer?

»Ähm – was ist los?«

»Ooooch«, macht die Zweibeinerin in beunruhigend gedehntem Tonfall, während ich mich alarmiert aufsetze. »Nichts weiter ist los. Bis auf die unbedeutende Kleinigkeit, dass ich eben einen Anruf von deiner Schule bekommen habe. Man hat mir mitgeteilt, dass du heute unentschuldigt gefehlt hast.«

»Ach so, das …«, erwidere ich. Was ein *Anruf* ist, weiß ich zwar nicht, aber es muss etwas Gutes sein. Immerhin weiß Arthurs Mutter jetzt Bescheid. Ich muss ihr also gar nichts mehr erklären.

»Wuff«, macht Arthur und wirft sich auf den Rücken. Was meint er? Habe ich etwas Dummes gesagt?

»Du streitest es also nicht mal ab?«, fragt die Zweibeinerin. Ihre Stimme ist jetzt etwas lauter und schriller.

»Ähm – nö, es stimmt doch.«

Arthur schlägt beide Pfoten vor die Augen. Offenbar mache ich gerade so ziemlich alles falsch. Woher soll ich denn auch wissen, wie sich ein Zweibeinerwelpe verhält, wenn seine Mutter einen *Anruf* bekommt?

Meine Antwort bringt die Zweibeinerin ziemlich aus dem Konzept. Sie lässt sich aufs Bett sinken und

verschränkt die Vorderpfoten vor der Brust. »Also gut. Offenbar hast du kein schlechtes Gewissen. Willst du mir vielleicht erklären, warum du geschwänzt hast?«

Geschwänzt? Und was, bitte, soll das sein? Egal, am besten erzähle ich ihr einfach, was los war: »Wir haben Emily getroffen. Ihr Hund ist abgehauen. Sie hatte furchtbare Angst, Trixie könnte etwas passiert sein. Deshalb haben wir ihr geholfen, Trixie aufgespürt und in Sicherheit gebracht. Alle sind glücklich.«

Die Zweibeinerin schweigt. Sie wirkt nicht besonders glücklich. Aber auch nicht mehr ganz so böse. Ich glaube, sie versteht, dass unsere Mission einfach unaufschiebbar war.

»Dir ist schon klar, dass ich das so nicht durchgehen lassen kann. Du kannst nicht einfach blaumachen, bloß weil dir etwas anderes wichtiger vorkommt als die Schule.«

»Wuff«, macht Arthur und gähnt. Aha. Er weiß inzwischen, wie man sich als Vierbeiner benimmt, wenn man ausgeschimpft wird.

»Nicht schimpfen! Wir haben doch was Gutes gemacht!«, übersetze ich sein Gähnen in Menschensprache.

Arthurs Mutter zieht die Mundwinkel nach oben und zeigt ihre Zähne. Wenn Hunde das tun, ist das

eine Bedrohung. Zweibeiner tun es, wenn sie freundlich sein wollen.

»Bist du jetzt nicht mehr böse?«, frage ich vorsichtig.

»Nein, bin ich nicht. Ihr habt wirklich was Gutes getan. Aber glaub ja nicht, dass ich dich so leicht davonkommen lasse.«

Ähm – und was soll das jetzt schon wieder heißen?

**Arthur:**

Manchmal ist Lucky wirklich so was von verpeilt! Er kapiert einfach nicht, wie Eltern ticken. Und anscheinend weiß er auch nichts über Verbote, Pflichten oder Strafen. Anders kann ich mir sein schräges Verhalten von eben nicht erklären.

Andererseits ist er damit erstaunlich gut davongekommen. Mama war überraschend schnell besänftigt. Dass er einfach so die Wahrheit gesagt hat, war wohl die allerbeste Strategie.

Und im Grunde hätte ich es an seiner Stelle ganz ähnlich gemacht.

Na ja, vielleicht hätte ich ein bisschen mehr herumgedruckst und wäre deutlich zerknirschter gewesen. Aber belügen würde ich Mama und Papa sowieso nie. Sie

sagen immer: »Nichts ist so schlimm, dass man es nicht ehrlich sagen kann. Aber man muss auch mit den Konsequenzen leben.«

Man merkt Lucky an, dass er diese Weisheit eben zum ersten Mal zu hören gekriegt hat. Vermutlich hat er auch keinen Schimmer, was Konsequenzen sind. Aber er scheint zu spüren, dass es etwas eher Unangenehmes ist. Er guckt nämlich nicht gerade begeistert.

»Du machst dich jetzt sofort auf den Weg zur Schule und bittest Direktor Keller um Entschuldigung!«

*Ich glaub's ja nicht … Ausgerechnet zum strengen Direktor Keller? Das ist voll unfair!*

Ich bin so erschrocken, dass mir erst mit reichlich Verspätung einfällt, dass nicht ich mit dem Direx reden muss, sondern Lucky! Geschieht ihm ganz recht – schließlich war das Schuleschwänzen seine Idee. Ich hätte mich das nie getraut. Nun darf er das Ganze auch ausbaden.

»Kein Problem«, sagt Lucky so lässig, als hätte Mama ihn darum gebeten, die Spülmaschine auszuräumen.

»Wunderbar«, gibt die zurück. »Und wenn

du zurück bist, bringst du dein Zimmer in Ordnung. Hier sieht's ja aus, als hätte eine Bombe eingeschlagen.«

Allerdings. Lucky hat mal wieder sämtliche Legosteine auf dem Boden verteilt. Ich hoffe sehr, dass er das noch aufräumt, bevor wir zurücktauschen.

»Na gut«, sagt Lucky. »Ich nehme den Hund mit, okay? Dann kann ich das Ganze noch mit einem Gassigang verbinden.«

Ganz schön klug von Lucky. Den Weg zur Schule findet er inzwischen zwar auch ohne Begleitung, aber natürlich hat er keinen Plan, wo das Büro des Direktors ist.

»Zeig mir den Weg zum großen Zweibeinerwelpenboss«, sagt er dann auch prompt, als wir durch das Schultor laufen.

*Nenn ihn bloß nicht so!*, antworte ich und marschiere voraus.

Mein Gebell hallt in den leeren Fluren so laut wider, dass ich zusammenzucke. Es ist wohl besser, wenn ich ab sofort die Hundeschnauze halte.

Die Bürotür von Direktor Keller steht offen. Das tut sie immer – damit will er zeigen, dass er für jeden jederzeit zu sprechen ist. Allerdings besteht keine Gefahr, dass man ihm die Bude einrennt, denn die meisten Schü-

lerinnen und Schüler haben Angst vor ihm. Und ich glaube, die Lehrerinnen und Lehrer auch ein bisschen. Noch nie hat jemand ihn lächeln sehen. Der Direktor ist immer ernst und furchtbar korrekt. Deshalb hat er nicht besonders viel Verständnis dafür, wenn andere albern sind oder nachlässig und sich falsch verhalten. Ich bin sicher, er wird Luckys Entscheidung, lieber Trixie zu retten, als in die Schule zu gehen, nicht so locker wegstecken wie Mama.

*Du musst erst anklopfen. Und sei lieber nicht so frech wie sonst! Mit dem Direx ist nicht gut Kirschen essen und ...*

»Hallo, hier bin ich!«, platzt Lucky herein. Natürlich ohne anzuklopfen.

Direktor Keller blickt auf. Mürrisch starrt er über seine knubbelige Nase hinweg zu uns herüber.

»Arthur Winter, nehme ich an? Na, immerhin bist du sofort hergekommen. Und was hast du mir zu sagen?«

*Es tut mir wahnsinnig leid, ich habe heute Morgen eine falsche Entscheidung getroffen, auch wenn ich geglaubt habe, ich hätte gute Gründe dafür. So was kommt bestimmt nie wieder vor. Bitte verzeihen Sie mir, Herr Direktor!*

»Ja, natürlich bin ich sofort hergekommen. Mama hat gesagt, es ist dringend. Und dass ich Direktor Keller um

Entschuldigung bitten soll. Also – haben Sie eine für mich?«

*Oh nein ...*

Ich hätte es ahnen müssen. Lucky kennt sich mit solchen Gesprächen nun mal nicht aus und hat es vom ersten Moment an falsch angepackt.

Zum ersten Mal erlebe ich, dass Direktor Keller sprachlos ist. Seine Kinnlade klappt herunter und er starrt Lucky an, als sei er ein sprechender Hund. Was er ja im Grunde auch ist.

Ich schubse meinen Doppelgänger vorsichtig an. Damit er sich zusammenreißt und noch mal von vorn anfängt. Diesmal aber richtig. Höflich und respektvoll.

Ganz plötzlich verzieht sich das Gesicht von Direktor Keller zu einer seltsamen Grimasse. Hat er etwa Schmerzen? Oder ... Halt, nein, das kann nicht sein: Lächelt er etwa?

»Was seh ich denn da – du hast einen Hund, Arthur? Wie heißt er denn? Meine Güte, ist der goldig. Darf ich ihn mal streicheln?«

*Wie bitte? Der Direktor will mich streicheln? Das glaubt mir kein Mensch!*

»Aber klar doch, Ar... ähm, Lucky ist ein ganz Lieber. Möchten Sie ihn vielleicht auf den Schoß nehmen?«

*Das wird ja immer verrückter ...*

»Nun ja, der haart doch bestimmt und ich habe eine dunkle Anzughose an ... Ach, weißt du was? Sei's drum. Ich nehme ihn sehr gerne auf den Schoß. Und dann erzählst du mir, was heute los war, in Ordnung?«

*Nicht zu fassen.*

Ich sitze also auf dem Schoß des Direx und lasse mich

von ihm kraulen, während Lucky die ganze Emily-Trixie-Geschichte erzählt.

Ich komme mir zwar vor wie im falschen Film – aber dafür bekomme ich wohl garantiert keinen Verweis. Und ich weiß jetzt, dass der superstrenge, hyperkorrekte, immer ernste Direktor Keller lächeln kann. Wer hätte das gedacht?

# 12.
# Kicken oder Bällchen holen?

**Arthur:**

Noch bevor Lucky den Schlüssel ins Schloss steckt, höre ich durch die geschlossene Haustür Mamas Stimme. Ich verstehe sogar jedes Wort! Wahnsinn, wie scharf Hundeohren sind!

Es scheint allerdings niemand bei ihr zu sein, woraus ich schlussfolgere, dass sie telefoniert. Erst höre ich gar nicht so genau zu, was sie sagt, doch dann fällt mein Name, und zack, ist meine Aufmerksamkeit geweckt! Leider bekomme ich nur den Schluss des Gesprächs mit. Mist, vielleicht hätte ich eben doch besser aufpassen sollen?

»Das klappt alles wunderbar – ich glaube, der Test funktioniert«, sagt Mama gerade, als es Lucky nach mehreren Fehlversuchen endlich gelingt, die Tür aufzuschließen. Mit dem Schlüssel kommt er immer noch nicht so besonders gut zurecht, genau wie mit Messer und Gabel.

»Ich muss Schluss machen«, beendet Mama eilig das Telefonat. »Macht's gut, wir hören uns!«

*Was für ein Test? Mit wem hast du gesprochen? Warum hast du mich erwähnt?*

In diesem Moment würde ich alles dafür geben, ganz normal mit Mama reden zu können. Doch ich kann nur bellen. Lucky dagegen fragt bloß nach Essen, dieser verfressene Kerl! Mit meinen Menschenohren hat er von dem Telefongespräch wohl nichts mitbekommen.

Wenigstens ist Mama jetzt nicht mehr sauer. Lucky bekommt ein Stück Erdbeerkuchen mit Sahne, und für mich gibt's immerhin einen Kauknochen. Der mir verrückterweise sogar schmeckt!

»Weltklasse, dieser Kuchen«, lobt auch Lucky, und mal wieder kann er sich das Tellerablecken nicht verkneifen.

»Aber Arthur«, tadelt Mama. So richtig streng ist sie allerdings nicht, denn ihre Stimme klingt sanft und sie lächelt dabei. Und vom Zimmeraufräumen ist auch keine Rede mehr.

Irgendwie wundert mich das überhaupt nicht. Wenn Lucky es sogar schafft, Direktor Keller um den Finger zu wickeln, dann verzaubert er Mama erst recht. Keine Ahnung, wie er das schafft, aber Tatsache ist: Man kann ihm einfach nicht böse sein.

»Wir gehen ein bisschen in den Garten«, erklärt Lucky

jetzt, nachdem er seinen Teller in die Spülmaschine gestellt hat.

Mama wünscht uns viel Spaß und vertieft sich in ein Buch.

Ich beneide sie. Lesen macht so viel Spaß! Ich vermisse das.

*Ich will endlich wieder ein Mensch sein, Lucky! Wenn ich nur wüsste, was wir tun müssen, damit alles wieder normal wird.*

Mein Spürnasengefühl sagt mir, dass Lucky gerade dasselbe durch den Kopf geht. Aber bevor er mir antworten kann, taucht auf einmal Karim auf, seinen Lieblingsfußball unter dem Arm.

»Hey, Arthur. Wollen wir ein bisschen kicken?«

*Au ja, darauf hätte ich große Lust.*

»Kicken? Du meinst … Ball spielen? Ja klar, können wir machen«, antwortet Lucky nicht ganz so begeistert. Zum Glück versteht Karim seine merkwürdige Antwort nicht, weil ich dazwischenbelle.

Allerdings wird meinem besten Freund recht bald klar, dass Lucky, den er natürlich für mich hält, heute eine ziemlich seltsame Vorstellung davon hat, wie man Fußball spielt …

Lucky kennt eben nur das Hundebällchenspiel: Jemand wirft den Ball, er holt ihn. Immer und immer wie-

der. Genauso macht er es jetzt auch. Er überlässt Karim das Schießen und flitzt lieber dem Ball hinterher, statt in den Zweikampf zu gehen und zu verhindern, dass Karim zum Schuss kommt.

Schon nach wenigen Minuten steht es neun zu null für Karim, denn Lucky macht nicht einmal den Versuch, das Tor zu treffen. Was wohl ganz einfach daran liegt, dass er die Spielregeln nicht kennt.

Ich werfe mich entsetzt auf den Rücken und halte mir beide Pfoten vor die Augen.

*Das ist ja nicht auszuhalten! Karim hält mich bestimmt für komplett bescheuert.*

»Was ist denn los mit dir, Arthur?«, fragt er auch kurz darauf. »Seit du Lucky hast, bist du total verdreht.«

Ich erstarre. Was hat er da gerade gesagt?

*Nicht zu fassen: Karim ist ein Genie!*

Schneller, als ich es je für möglich gehalten hätte, springe ich auf und rase auf die beiden zu.

»Was ist denn los mit dir?«, wundert sich Lucky.

»Der ist genauso verdreht wie du«, lacht Karim, und ohne es zu wissen, hat er schon wieder den Nagel auf den Kopf getroffen.

*Begreifst du denn nicht, was Karim da gerade gesagt hat? Das ist die Lösung! Das muss sie sein …*

Um zu verdeutlichen, was ich meine, hüpfe ich um Luckys Beine herum. Immer schneller und immer im Kreis. Ab und zu drehe ich mich zusätzlich um meine eigene Achse.

»Kannst du deinem Hund nicht sagen, dass er sich beruhigen soll?«, fragt Karim. Man hört es ihm kaum an, aber ich weiß, dass er leicht genervt ist.

*Sag es noch mal, Karim – vielleicht kapiert er es dann!*

Aber leider kommt meine Botschaft nicht an. Lucky versteht mich nicht und Karim genauso wenig.

Erschöpft lasse ich mich ins Gras sinken. Was nützt es, wenn man einen Geistesblitz hat, aber ihn niemandem mitteilen kann? Ich fühle mich furchtbar hilflos, und wenn ich kein Hund wäre, würde ich jetzt garantiert in Tränen ausbrechen.

Ich glaube, Lucky und Karim geht es nicht viel besser. Alle sind ziemlich frustriert – wenn auch aus unterschiedlichen Gründen. Karim, weil derjenige, den er für seinen besten Freund hält, nicht mehr zu wissen scheint, wie man kickt. Lucky, weil er das spürt und weil ihm klar ist, dass ich ihm etwas mitteilen will. Und ich, weil ich fast sicher bin, dass ich die Lösung kenne, aber fürchte, trotzdem auf ewig ein Hund bleiben zu müssen.

**Lucky:**

Keine Ahnung, was Karim von mir erwartet. Vermutlich sollte ich häufiger gegen diesen dicken, weißen Ball treten. Und das auch noch in eine bestimmte Richtung. Ich bin sicher, der echte Arthur kann das so richtig gut, und Karim wundert sich zu Recht, warum es heute anders ist.

Damit er keinen Verdacht schöpft, sage ich einfach, dass ich mich ein bisschen krank fühle. Diesen Trick habe ich bei meinen Zweibeinern gelernt. Sobald ein Mensch dieses Stichwort nennt, sind alle anderen wie verwandelt. Viel netter und hilfsbereiter als sonst. Zuerst habe ich mich gewundert, warum nicht jeder Zweibeiner täglich vom Kranksein spricht, aber dann ist mir klar geworden, dass das wohl so eine Art Notfall-Reaktion ist. Ich meine – wir Hunde zeigen schließlich auch nicht ständig die Zähne. Wenn wir das täten, würde das bald niemanden mehr beeindrucken. Tja, und wenn ein Zweibeiner jeden Tag krank wäre, würde sich das allgemeine Mitleid wohl auch schnell abnutzen.

Die Sache mit dem Ball und Karims Stirnrunzeln ist jedoch ein echter Notfall, und da bleibt mir nichts anderes übrig, als diesen Trick anzuwenden.

Und er funktioniert! Karim nickt verständnisvoll

und wünscht mir gute Besserung. Dann boxt er mir gegen den Arm, schnappt sich den Ball und macht sich auf den Heimweg.

Kaum ist Karim weg, setze ich mich auf die unterste Treppenstufe und starre vor mich hin. Tatsächlich fühle ich mich auf einmal nicht besonders gut. Vielleicht bin ich wirklich krank? Mein Kopf ist schwer und heiß, meine Beine sind schwach und in meiner Brust zieht sich alles zusammen. Fehlt nicht mehr viel, und mein Gesicht wird so nass wie heute Morgen das von Emily. Und ich weiß nicht mal so genau, wieso. Denn eigentlich war heute ein recht erfolgreicher Tag für Arthur und mich. Gemeinsam haben wir so einiges geschafft: Wir haben Trixie gefunden, Arthurs Mutter beruhigt und diesen merkwürdigen Direktor dazu gebracht, auf harmlose Zweibeinerart seine Zähne zu zeigen.

Trotzdem bin ich alles andere als zufrieden. Mir fehlen meine Hundespürnase, meine scharfen Ohren, mein Napf und mein Körbchen. Ich will keinen Kuchen mehr, ich mag auch nicht mehr im Bett schlafen und die Welpenschule kann mir gestohlen bleiben.

Arthur wirkt auch nicht gerade happy. Aber irgendwas ist mit ihm los. Er bellt und hüpft und rennt und

dreht sich im Kreis, als wäre ein Schwarm wilder Wespen hinter ihm her!

Als er aufhört, herumzurasen, sondern sich vor meine Füße legt und mich treuherzig anstarrt, wird mir klar, dass was anderes dahintersteckt.

»Versuchst du etwa die ganze Zeit, mir etwas zu sagen?«

Arthur nickt.

Puh, darauf hätte ich ja schon vorher kommen können.

»Tut mir leid, wenn ich dich nicht beachtet habe. Ich fange schon an, wie ein Zweibeiner zu denken. Die nehmen sich selbst immer so furchtbar wichtig und achten oft nicht genug auf ihre vierbeinigen Familienmitglieder.«

Arthur bellt. Dann springt er auf und beginnt erneut, im Kreis herumzuflitzen.

Zwischendurch bleibt er immer wieder stehen und kläfft mich auffordernd an.

»Sorry, ich steh auf der Leine.«

Arthur kommt auf mich zu und stupst mich an. Dreht sich, stupst wieder. Bellt, dreht sich, stupst.

»Willst du etwa, dass ich mich auch drehe?«

»Wuff!« Er nickt.

Ich rappele mich auf. Sofort umkreist er mich, so schnell er kann.

»Nicht zu wild, sonst kriegen wir wieder einen Drehwurm«, versuche ich ihn zu bremsen.

Doch damit stachele ich ihn nur noch mehr an.

»Wuff! Wuff! Wuff!«, macht er und springt jetzt sogar an mir hoch.

Und da endlich schnalle ich, was er meint!

»Du willst also, dass wir einen Drehwurm bekom-

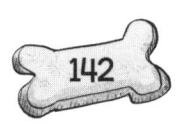

men? So wie an dem Abend, bevor wir vertauscht wurden?«

Die Erleichterung ist Arthur anzumerken.

»Und du meinst, das funktioniert? Dass wir es damit umkehren können?«

Er nickt heftig.

»Sicher, dass du dann morgen früh wieder ein zehnjähriger Junge bist und ich ein vierjähriger Hundeherr?«

»Wauwauwuff«, macht Arthur und schüttelt sich.

Ich muss lachen. »Du hast ja recht – wir wissen es nicht. Aber wir können es herausfinden. Auf geht's! Probieren wir unser Glück!

# 13.

## Erst Grillwürstchen, dann Drehwurm

Lucky:

Auf einmal bin ich ganz aufgeregt. Dass ich nicht schon viel früher auf diese Idee gekommen bin! Arthur hat vollkommen recht: Wir müssen uns einfach wieder so wild drehen, dass uns schwindelig wird – genau wie am ersten Abend.

Ich flitze ins Haus, um das Hundebällchen und die Schleuder zu holen. Arthur bellt wie verrückt, als ich zurückkomme. Er kann es offenbar kaum erwarten, dass wir endlich loslegen.

»Okay, dann wollen wir mal!«, rufe ich und fange an, mich mit der Ballschleuder im Kreis zu drehen wie ein Hammerwerfer. Immer schneller und schneller. Arthur kommt kaum hinterher, aber er gibt alles.

Ganz schön anstrengend! Mir geht so langsam die Puste aus.

144

Und ein bisschen schwindelig wird mir auch. Aber lange nicht so sehr wie beim letzten Mal.

»Puh, ich kann nicht mehr«, seufze ich nach einer Weile und breche ab.

Arthur hechelt. Auch er wirkt am Ende seiner Kräfte. Aber er steht noch felsenfest auf seinen vier Pfoten.

»Also ich habe keinen Drehwurm«, stelle ich enttäuscht fest.

»Wau«, macht Arthur, dem es wohl genauso geht.

Wir setzen uns nebeneinander ins Gras und grübeln.

»Vielleicht waren wir nicht schnell genug?«, überlege ich. Aber das ist eigentlich unmöglich. Im Gegenteil – wir waren sogar schneller denn je.

Gedankenversunken fange ich an, Arthur zu kraulen. Und er lässt es zu. Als mir bewusst wird, was ich da tue, erschrecke ich gewaltig. Bin ich jetzt etwa endgültig zum Zweibeiner geworden? Mir schmeckt das Menschenfutter, ich laufe inzwischen ganz sicher auf den einzigen beiden Füßen, die ich habe, ich putze regelmäßig meine Zähne, ich schaffe es immer besser, die Haustür aufzuschließen, ich rede wie sie, ich lache und weine. Jetzt streichle ich sogar schon einen Hund! Dabei bin ich doch eigentlich selbst einer …

»Wir müssen das hinkriegen!«, rufe ich. »Unbedingt. Los, wir probieren es noch mal!«

Arthur nickt. Und wir legen wieder los. Doch diesmal breche ich noch früher ab als beim ersten Versuch.

»Es klappt nicht«, keuche ich. »Ich komme außer Atem und fange an zu schwitzen, aber ich kriege einfach keinen Drehwurm.«

Arthur schüttelt sich.

Ich spüre, wie meine Augen feucht werden. Gleichzeitig steigt eine unbändige Wut in mir hoch. Warum muss ausgerechnet mir das passieren? Habe ich in meinem Hundeleben vielleicht zu viel über Zweibeinerwelpen geschimpft und muss zur Strafe für den Rest meines Lebens selbst einer bleiben

»Das darf doch nicht wahr sein. Wir müssen den Tausch irgendwie rückgängig machen!«

Ich schließe die Augen, um mich zu konzentrieren.

Rückgängig machen, hallt es in meinem Kopf wider.

*Rückgängig. Zurück. Rückwärts …*

»Ich glaub, ich hab's!«

Ich springe auf und greife nach der Ballschleuder.

Arthur blinzelt mich neugierig an.

»Wenn wir etwas rückgängig machen wollen, dann geht das nur rückwärts«, erkläre ich ihm.

Er gähnt. Okay, ich muss mich wohl klarer ausdrücken.

»Letztes Mal haben wir uns in diese Richtung gedreht«, sage ich und wirbele einmal links herum. »Was daraufhin passiert ist, weißt du. Wenn wir also das Gegenteil davon bewirken wollen, müssen wir uns diesmal genau andersherum drehen. Ist doch logisch, oder?«

»Wuff! Wuff! Wuff!«

Okay, ich scheine Arthur überzeugt zu haben.

Jetzt muss meine Theorie bloß noch stimmen …

Gerade als wir loslegen wollen, kommt der Zweibeiner fröhlich pfeifend durch das Gartentürchen.

»Arthur, wie gut, dass du da bist. Hilfst du mir, den Grill anzuwerfen? Es ist so ein herrlicher Spätsommerabend, der ist einfach perfekt zum Grillen!«

Ähm … was soll ich wohin werfen? Ich versteh mal wieder kein Wort, aber bevor ich etwas Dummes sage, warte ich lieber ab, ob er weiterspricht.

Und tatsächlich: »Ich habe Würstchen gekauft, und die müssen regelmäßig umgedreht werden«, fährt der Zweibeiner fort. »Schaffst du das?«

Würstchen? Hab ich da Würstchen gehört? Ich liebe diese Dinger! Sie riechen so herrlich und schmecken noch viel besser.

Leider sind Manfred und Evelyn damit furchtbar

geizig. Ich kriege nur ganz selten mal eins zur Belohnung, wenn ich ganz besonders brav war.

»Klar, schaffe ich das!«, behaupte ich und beobachte aus der Entfernung, wie der Zweibeiner die Abdeckung von dem Kasten herunternimmt, der auf der Terrasse steht. Darunter kommt ein merkwürdiges Gerät zum Vorschein. Ob das wohl dieser *Grill* ist?

»Sorry, Kumpel«, raune ich Arthur zu. »Wir verschieben den Rücktausch auf später. Eine letzte Würstchenmahlzeit als Zweibeiner lasse ich mir bestimmt nicht entgehen.«

Arthur wirft sich auf den Rücken und bedeckt mit den Pfoten die Augen.

»Ich heb dir eins auf«, verspreche ich ihm. »Großes Hundeehrenwort!«

Ein bisschen fürchte ich mich ja vor diesem geheimnisvollen Gerät. Es ist heiß und wirkt ziemlich gefährlich.

Der Zweibeiner gibt mir ein langes Werkzeug namens *Grillzange* und weist mich an, die Würstchen alle paar Minuten vorsichtig zu wenden, damit sie von allen Seiten schön knusprig, aber nicht zu dunkel werden.

Es dauert eine Weile, bis ich mit der Zange halbwegs

zurechtkomme. Ich brauche beide Hände dafür, und bei den ersten Versuchen purzeln mir die Würstchen herunter. Schwupps, schnappt Arthur sie weg.

»Wenn das so weitergeht, bleibt nichts für uns übrig«, fürchte ich und gebe mir umso mehr Mühe.

Und dann habe ich endlich den Dreh raus. Die Würstchen brutzeln vor sich hin und duften einfach

köstlich. Ich werde mindestens drei Stück davon futtern. Nein, lieber fünf. Oder vielleicht sogar sieben ...

**Arthur:**

Es ist zum Verrücktwerden! Erst hat Lucky es wahnsinnig eilig, und kaum kommt Papa mit den Grillwürstchen, lässt er alles stehen und liegen und hat alle Zeit der Welt! Natürlich futtert er sich den Bauch so voll, dass es wehtut.

»Ich glaube, ich platze gleich!«, jammert Lucky.

Mama und Papa lachen.

»Also bist du jetzt wohl satt«, stellt Mama fest.

»Vorerst jedenfalls«, erwidert er und schielt auf die Platte, auf der noch ein einziges Würstchen liegt. Mehr hat er nicht übrig gelassen. »Vielleicht passt ja später noch was rein.«

*Oh nein, mein Freund! Später haben wir schon was anderes vor, erinnerst du dich?*

»Ich glaube, Lucky hat auch Appetit«, deutet Papa mein Gebell. Nun ja, ganz so war es zwar nicht gemeint, aber ich habe nichts dagegen, das letzte Würstchen zu futtern, das er mir gerade hinwirft.

»Das ist doch hoffentlich nicht giftig für Hunde?«, will Mama erschrocken wissen.

Nun ja, wenn das so wäre, käme die Frage leider ein bisschen zu spät.

»Giftig nicht gerade, aber auch nicht besonders gesund. Wenn es eine Ausnahme bleibt, ist es okay«, erklärt Lucky großspurig. Als hätte er Dutzende von Hundebüchern gelesen und auswendig gelernt.

Papa ist auch gleich wieder beeindruckt. »Du bist ja ein richtiger Hundeflüsterer«, findet er.

Lucky prustet los.

Kommt es nur mir so vor, oder hört sich sein Lachen wirklich an wie heiseres Hundegebell?

Anschließend hilft Lucky beim Tischabräumen. Während Mama die Küche in Ordnung bringt und Papa den Grill reinigt, lungern wir auf der Wiese herum.

»Wir müssen abwarten, bis wir unbeobachtet sind«, raunt Lucky mir zu. »Außerdem bin ich viel zu vollgefressen, um mich schnell im Kreis zu drehen. Sonst wird mir noch übel!«

Klingt ein bisschen nach Ausrede, aber ich will kein Risiko eingehen. Wenn es Lucky tatsächlich schlecht geht und unser Rücktausch gelingt, bin ich am Ende derjenige, der darunter leidet.

Endlich ist Papa fertig und geht hinein. Auf der Treppe dreht er sich noch zu uns um und ruft: »Bleibt nicht

mehr so lange draußen, okay? Es wird Zeit – morgen ist Schule.«

»Wir kommen gleich«, verspricht Lucky.

Kaum ist die Tür hinter Papa zugefallen, springt er auf und schnappt sich die Ballschleuder.

*Denk dran, dich rechtsherum zu drehen!*

Diese Richtung ist ganz ungewohnt. Nicht nur für mich, sondern auch für Lucky. Er kriegt es erst nur ganz langsam hin.

»So, das war nur ein Probeversuch«, versucht er mich zu beruhigen. »Jetzt wird's ernst!«

Und tatsächlich: Lucky atmet tief durch, hebt die Schleuder, nimmt Schwung und fängt an, herumzuwirbeln.

Ich kann kaum mithalten, aber irgendwie gelingt es mir. Wir werden immer schneller, und schon bald stellt sich wieder dieses seltsame Gefühl ein. Mir wird flau im Magen und schwarz vor Augen, meine Beine knicken ein und ich muss mich einfach hinlegen.

Lucky geht es genauso. Kopf an Kopf liegen wir der Länge nach ausgestreckt im Gras, keuchend und zufrieden.

»Also ich hab voll einen Drehwurm«, japst Lucky. »Du auch?«

»Wuff«, bestätige ich mit letzter Kraft.

Ich weiß nicht mehr, wie ich es in mein Zimmer geschafft habe. In meinem Kopf wollte es gar nicht mehr aufhören, sich zu drehen. Irgendwie sind Lucky und ich wohl die Treppen hinaufgewankt.

Zum ersten Mal, seit ich ein Vierbeiner bin, freue ich mich darüber, dass Lucky derjenige ist, der vor dem Schlafengehen noch ins Bad gehen muss, um sich zu waschen und die Zähne zu putzen. Das wäre mir jetzt viel zu anstrengend!

Mit letzter Kraft klettere ich ins Hundekörbchen und rolle mich zusammen. Als Lucky wenig später ins Zimmer schlurft, bin ich schon halb weggedöst.

»Weißt du was? Heute sollte keiner von uns alleine liegen«, wispert er.

Im gleichen Moment spüre ich, wie seine Hände mich vorsichtig umfassen und hochheben. Für ein paar Sekunden schwebe ich, dann lande ich auf einer glatten, kühlen Unterlage. Ich blinzele und stelle fest, dass das mein Bett ist. Lucky deckt mich zu, legt seinen Arm um mich und kuschelt sich an mich.

Das fühlt sich beruhigend an. Vor allem, dass er mich sanft hinter dem Ohr krault, gefällt mir. Manchmal ist es gar nicht mal so übel, ein Hund zu sein.

Ich muss kurz eingenickt sein. Oder habe ich sogar lang und tief geschlafen? Keine Ahnung. Ich weiß auch nicht, wovon ich aufgewacht bin. Der Rollladen ist so dicht geschlossen, dass nicht einmal das Licht der Straßenlaterne hindurchdringt.

Ich sehe zwar nichts, aber ich spüre etwas: Jemand fährt mir mit einem rauen, feuchten Waschlappen durchs Gesicht.

»Hey, was soll denn das«, murmele ich träge und strecke meinen Arm aus, um nach dem Schalter meiner Nachttischlampe zu tasten.

Und erstarre.

Denn in diesem Moment werden mir zwei Dinge klar.

Erstens: Ich habe eben gesprochen. Laut und deutlich.

Und zweitens: Ich habe Hände. Keine Pfoten!

Auf einmal habe ich es furchtbar eilig. Ich springe aus dem Bett, und lande auf einem Legostein.

»Au, verflixt«, schimpfe ich, und gleichzeitig muss ich lachen.

»Wuff«, macht Lucky und hüpft hinterher.

Dann finde ich endlich den Lichtschalter, und aus meiner Ahnung wird Gewissheit: Ich bin wieder ich!

»Juhuuu«, jubele ich und fange an, einen Freudentanz aufzuführen.

»Wuff! Wuff! Wuff!«, freut sich auch Lucky und tanzt mit.

»Was ist denn hier für ein Tohuwabohu?«

Ich halte inne. Papa steht vor mir. Er hat noch seinen Schlafanzug an und macht ein geheimnisvolles Gesicht.

»Ähm … nur so. Wir freuen uns halt«, erkläre ich ziemlich einfallslos. Was wirklich los ist, kann ich ja wohl kaum verraten.

»Und du ahnst wirklich noch nichts?«, will er wissen.

»Wie? Was bitte sollte ich ahnen?«

»Tja, ich wundere mich nur darüber, dass du jetzt schon jubelst«, sagt Papa.

»Worauf sollte ich denn warten?«, gebe ich irritiert zurück.

»Na, dann komm mal mit«, schlägt er vor und marschiert in Richtung Wohnzimmer, wo Mama mich schon erwartet. Auch sie ist noch im Nachthemd und strahlt mich an.

Was haben die beiden bloß? Wussten sie etwa die ganze Zeit über doch Bescheid?

»Jetzt sagt endlich, was los ist!«

»Wuff, wooooo-huff!«, macht Lucky und flitzt an mir vorbei, macht einen Riesensatz und landet mitten auf einem nagelneuen Hundekissen.

Darüber hängt ein Schild. *Willkommen, Lucky!*, steht darauf.

Ich gucke vermutlich ziemlich dämlich aus der Wäsche.

»Aber ... Lucky ist doch schon die ganze Woche bei uns.« Warum denn jetzt ein Willkommensgruß?

»Stimmt, er ist schon eine Weile bei uns«, stimmt Mama zu. »Aber eben nur als Besucher.«

Die Rädchen in meinem Gehirn setzen sich langsam in Bewegung. Bedeutet das etwa ...

»Ja, du darfst dich freuen. Manfred und Evelyn sind nicht nur für eine Woche im Urlaub. Sie haben eine längere Reise geplant, und für Lucky wäre das einfach zu anstrengend. Ständig den Ort und die Klimazone zu wechseln, von den vielen Impfungen ganz zu schweigen.«

»Wohoooow!«, macht Lucky und schüttelt sich.

»Das heißt – Lucky darf hierbleiben?«

»Ja«, sagt Mama und umarmt mich. »Diese Woche war nur ein Test, ob du mit einem Hund klarkommst. Aber du hast uns restlos überzeugt. Erstaunlicherweise verstehst du viel mehr von Hunden, als wir gedacht haben. Lucky ist bei dir in allerbesten Händen. Manfred und Evelyn sind glücklich, so einen tollen neuen Besitzer für ihren Liebling gefunden zu haben. Und natürlich werden sie ihn besuchen, wann immer sie im Lande sind.

Ich bin sprachlos. Völlig kraftlos lasse ich mich zu Boden sinken.

»Freust du dich denn nicht? Lucky ist jetzt ein richtiges Familienmitglied!«, sagt Papa.

Vor Freude springt Lucky auf meinen Schoß und schleckt mir übers Gesicht, als wollte er mich dazu auffordern, endlich etwas zu sagen.

»Heute ist der schönste Tag in meinem Leben!«, rufe ich aus.

»Wuff!«, macht Lucky.

»Wuff!«, erwidere ich und strahle über beide Ohren.

© Gaby Gerster

**Heike Abidi** liebt Bücher, seit sie lesen kann. Neben Kinder- und Jugendbüchern schreibt sie Unterhaltungsromane und Sachbücher wie z. B. „Ich dachte, älter werden dauert länger" (2018 SPIEGEL-ONLINE-Bestsellerliste). Die Autorin lebt zusammen mit Mann, Sohn und Hund in der Pfalz bei Kaiserslautern.

© privat

**Barbara Fisinger**, 1980 in Slowenien geboren, wollte schon von klein auf Künstlerin werden. Sie studierte Kunstpädagogik in Ljubljana und Zeichentrick in Luxemburg. Seitdem illustriert sie Kinderbücher und arbeitet für Zeichentrickproduktionen. Wenn sie nicht gerade malt oder mit ihrer verrückten Katze Flora spielt, erkundet sie mit ihrem Mann und dem gemeinsamen Sohn gern ferne Länder. Seit 2007 lebt sie in Trier.